今すぐ！集中力をつくる技術

いつでもサクッと**成果が出る**50の行動

［著者］冨山真由
行動習慣コンサルタント®行動定着コーチ®

［監修］石田 淳
行動科学マネジメント研究所所長

祥伝社

もっと

集中力さえあれば……

と思っていました。

すぐに飽《あ》きちゃう。
続かない。
いつも時間がない。
もっと早く仕事を終わらせたい。
勉強の成果を出したい。
がんばっているのに、結果が出ない。
集中力があれば、もっとうまくいくはず……。

でも**集中力って、**
やる気や生まれつきの
才能なのでは？

いいえ違います。

集中力は誰もが同じように持っている力。

あなたが集中できないのは、

集中力がないからではありません。

集中するコツを知らないだけ。

行動と習慣を
ほんの少し変えるだけで
いいのです。

コツさえわかれば
いつでもどんなときでも
集中できる自分に
変わることができます。

Q

あなたの悩みは何ですか？
「集中力」で解決しましょう。

残業しないで仕事を終わらせたい
↓86、152ページ
周囲が気になって集中できない
↓36ページ
いつもギリギリにならないと集中力が出ない
↓80、84ページ
気がのらない日は仕事がはかどらない
↓54、62ページ
集中力が続かない！
↓28ページ

仕事が重なるとどこから手をつけていいかわからなくて集中できない
↓104、108ページ
がんばっているのに成果が出なくて疲れてしまう
↓100、112ページ
時間がいつも足りない
↓88、114ページ
ここぞという本番で集中できない
↓130ページ
ついついスマホやテレビを見ちゃう
↓38ページ

はじめに

本書を手にとってくださったあなたは、間違いなくがんばり屋さんです。

ところが、そのがんばりが続かず、結果にもつながらず、苦しいと思うことはありませんか？

「こんなにがんばっているのに仕事が終わらない。休みもとれない」
「集中が続かなくてイライラする。うまくいかない」
「最初の一日しか集中できない。やる気の出る日と出ない日がある」

こうして、自分を、ときには周囲を責めていないでしょうか。いかがでしょう？

でも、誰が悪いのでもありません。もちろん、あなたが悪いのではありません。だから、「自分にはやる気が足りない」「集中力がない」などと思い込まないでください。

私は、この世にやる気のない人など一人もいないと思っています。ただ、**ちょっとした集中のコツを知らない人は、たくさんいます。**そのため、具体的な行動をとる段階でムダなことをしてしまって、「短い時間で成果を出せない」「集中力が足りない」と感じてしまうのです。

多くの人が、「あるときはすごくがんばれたのに、燃え尽きてしまったのか次の日

行動科学マネジメントのコンサルタント
冨山真由です。
集中力はコツ。行動習慣を変えれば
誰でもアップできる力です！

には さっぱり集中できない」ということを繰り返しています。なまじ、がんばり屋さんでいるがために、集中力が続かずにパフォーマンスを落としてしまうわけです。

大切なのは、ストレスなく一定のパフォーマンスを上げ続けること。**集中とは特別なことではなく、日常の習慣にできてはじめて結果につながります。**

私は、行動科学マネジメントのコンサルタントとして、多くの企業やビジネスパーソンのお手伝いをしています。そこで気づいたことは、多くの方が間違った努力をしているということでした。「集中する方法」さえ知っていれば、毎日がもっとラクになる、そして自分の時間が持てるようになるのです。

行動科学マネジメントは、誰が見ても理解できる「行動」に着目したメソッドです。やる気などという曖昧《あいまい》なものは徹底的に排除します。そこでは、とるべき行動を明確に提示するため、その行動をとった誰もが同じようにいい結果を出すことができるのです。

ほんのひと握りの超ハイパフォーマーは勘《かん》で動いており、彼らのまねをしようとしても無理。私たちは、結果につながる行動を知り、それを踏襲するのが賢《かしこ》いやり方です。

集中についても同様のことが言えます。普通の人は、「集中しよう」とただ思うだけで集中できるものではありません。**集中につながる行動をとる**べきなのです。

本書では、そうした行動のコツを、レベルに応じて50個あげてみました。全部をやってみる必要などありません。「これならいけそう」というものを一つでもいいので、実際に行動に移してください。仕事やプライベートで目標達成ができるようになるでしょう。

「集中できない」を変えるのは、やる気ではなく行動を変えること。

これまでのあなたの悩みは、霧《きり》が晴れるように解決していくはずです。

目次

はじめに　10

第1章

どんなときも集中力がぐんぐん高まる技術

「気が散る」「飽《あ》きやすい」が今すぐ変わる

あなたが集中できないのは、デスクやパソコンのアイコンがごちゃごちゃしているから　22

行動科学マネジメントのヒント　「環境設定」って何？　24

1 スマホはカバンの奥へ。今使わない書類は引き出しへ　26

2 気が散りそうになったら、自分の手を3秒見つめる　28

3 「5分だけやろう」で集中力のスイッチオン　30

4 「15分」を繰り返す　32

5 「よし！」と、自分に声をかける　34

6 うるさくて集中できないならイヤホンを耳に！　36

7 自宅で集中したいなら、リモコンの位置を変えておく 38
8 集中する場所を決めておく 40
9 切り替えタイムは3分だけ 42
10 ストレッチで背中を伸ばす 44
11 「もうちょっとやりたい」ところでやめておく 46
コラム 集中力には限界があります 48

第2章 気分がのらなくても集中する技術

落ち込んでいても、疲れていても、すっきり

「気分」は何も悪くない。「嫌だなあ」と悩むから「嫌だなあ」ということに集中が向いてしまうのです 50
行動科学マネジメントのヒント なぜ、人の認知は歪むのか 52
12 気分がのらないときは、机をコンコンコンと叩く 54
13 「やること」は、考えないで書き出す 56
14 気になることや不安は、前日までに書き出しましょう 58

第3章

「ギリギリにならないと集中できない」自分を変える技術

時間内に必ず終わる人になる

15 「1、2、3」と呼吸を数える 60
16 「上・下・右・左」トレーニングですっきり 62
17 上を見よう、胸を張ろう 64
18 失敗したら「教訓は何？」 66
19 睡眠環境で集中モードをつくる 68
20 朝はスマホを見ない 70
21 「これをやると調子がいい」をやっておく 72
22 集中できた状態を記録する 74
23 「やろうと決めたのは自分」を思い出す 76
コラム 小さなごほうびをあげましょう 78
いつもギリギリにならないと集中できないのは、残念ですが、見積もりが甘いからです 80
行動科学マネジメントのヒント 本当の「見える化」はこうする 82

24 どんなことも締め切りを1日前に設定 84
25 仕事を終えたい30分前にアラーム設定 86
26 あえて約束を入れてしまう 88
27 最初の一文字を打つ 90
28 材料を全部揃えようとしない 92
29 3分以上考え込まない 94
30 「今日やって良かったこと」を3つ書く 96
31 サポーターをつくる 98
32 「火事場の馬鹿力」に頼らない。リラックスが集中のコツ 100
コラム ペナルティには「ゲーム要素」を 102

第4章

膨《ぼう》大《だい》な業務にもパニックにならずに集中する技術

「すべてをやらない」で効率アップ

あれもしなくちゃ！　これもやらなくちゃ！
どこから手をつけていいかわからないとき、
どうしたらいいのでしょう？ 104

行動科学マネジメントのヒント
「細分化」で何が得られる？
――「ピンポイント行動」と「劣後《れつご》順位」 106

33 今日やることを3つ選んだら他のことは忘れてしまおう 108
34 「棚上《たなあ》げノート」に捨てておく 110
35 すべてに集中しないで、大事なところに力を注ぐ 112
36 「集中タイム」を決めておく 114
37 100件の仕事は、20件×5回に分けて達成 116
38 達成できたら「ごほうびタイム」 118
39 何事も「途中で変更OK」で始めよう 120
40 8割終わったら、次の仕事に意識を向ける 122
41 集中は、まず2時間で「強制終了」 124
42 細分化して周囲を巻き込む 126
コラム 他人を集中させることってできる？ 128

第5章
本番で集中する技術
ここ一番の緊張を力に変える

緊張しそうなときに
何をすればいいのか知っていれば、本番に強くなれますよ 130

行動科学マネジメントのヒント　科学的エビデンスがありますか？　132
43 本番を想定してチェックシートで準備する　134
44 「私にはできる」と自分にエールを送ろう　136
45 鏡の前で笑顔をつくろう　138
46 手足を「グーパー」する　140
47 うずまきを見る　142
48 ネクタイの結び目を見て話す　144
49 緊張しそうになったら、かわいい写真を見る　146
50 「何のためにやっているんだっけ？」と問い直す　148
コラム　「形から入る」も重要です　150

第6章
「集中力をつくる技術」をこんなふうに使ったら、仕事・勉強・家事がみるみるはかどるようになりました

短い時間でさくさく集中！　実践例&集中力アップシート活用法

実践例1　今日やることを分け、アラームを終業30分前に設定。これで残業ゼロに！　152

実践例2　「集中タイム」「細分化」で自分の時間を取り戻した　154
集中力アップシートの使い方　156
実践例3　ムリなくできる行動を3つ選び「週3回、残業を1時間減らす」を達成　158
実践例4　「集中する場所」と「集中タイム」を決めて「TOEIC100点アップ」　160
実践例5　めんどくさい家事も「5分だけ」「細分化」でムリなくはかどる　162
実践例6　子どもの勉強習慣は、環境づくりがポイント。生活の中に組み込んで　164
おわりに　166
監修者あとがき　170

装丁　小口翔平＋喜來詩織（tobufune）
カバーイラスト　川原瑞丸
本文イラスト　森下えみこ
本文デザイン　三森健太（tobufune）
本文DTP　美創
編集協力　中村富美枝

登場人物紹介

著者
冨山真由先生

会社員 PR仕事
30代

フリーランスの
イラストレーター
30代

会社員
フランス語勉強中
20代

会社員 営業職
20代

「気が散る」「飽《あ》きやすい」が今すぐ変わる

第1章

どんなときも集中力がぐんぐん高まる技術

あなたが集中できないのは、デスクやパソコンのアイコンがごちゃごちゃしているから

「なぜ、私はすぐに飽きちゃうんだろう」

「どうして、これくらいのことに集中できないんだろう」

あなたは、こんなふうに自分を責めていませんか？

そして、ハイパフォーマーたちの集中力の高さをうらやましく思っているのではないでしょうか。「私にも、あんな集中力が欲しかった」と。

そんなあなたに、とても重要なことをお伝えしますね。

あなたが集中できないのは、あなたに集中力がないからではありません。

じつは、あなたにも、ハイパフォーマーと同様の集中力は与えられています。ただ、それを発揮できていないだけなのです。

ではなぜ発揮できないのでしょう？

たとえば、集中しようとしているときのデスクやパソコンのデスクトップの状態。あるいは、あなたを取り囲む人々やモノ。さらには、あなた自身の体調。こうした、**さまざまな環境要素が「集中できる状況」に整っていないのです。**「集中できる状況」をつくることを行動科学では「環境設定」といいますが、これはとても大事なポイントです。「環境設定」が適切にできていることが、集中力アップの第一歩。

具体的なことはこれから説明しますが、簡単すぎて、「ええ？　こんなことでいいの？」と思うかもしれません。それでいいのです。とにかく、試してみてください。小さな行動に移すことで、最初の一歩を踏み出しましょう。

「環境設定」って何？

本来、何かを成し遂げるためには、そのための行動をとることが大切。その行動が不足しているために、結果が出ないのです。

そして、望ましい行動がとれないのは、よけいな行動をしているから。行動科学マネジメントでは、それを「ライバル行動」と言います。

たとえば、「健康のために、早く起きてランニングしよう」と思っていても、フカフカなベッドに誘惑されて二度寝したり、テレビのニュース番組に見入ってしまったりといった、ライバル行動が邪魔《じゃま》をします。

そういうときには、目覚ましをいくつもセットして「とてもベッドにはいられない」という状況をつくったり、寝る前にテレビのコンセントを抜いてしまったりすればいいのです。

さらに、ベッドの横に、すぐに着替えられるかっこいいウェアを用意しておくのもいいでしょう。

こうしたことが「環境設定」。行動科学マネジメントでは、環境設定をとても大事に考えています。

あなたも、さまざまな工夫をこらし、「私はこれなら集中できる」という環境を設定してください。

○ 集中力は行動の「環境設定」で決まる

× 集中力は才能や気合いで決まる

集中力をつくる技術

01

スマホはカバンの奥へ。今使わない資料は引き出しへ

作業以外のことが目に入らない工夫をしましょう。デスクによけいなものを置いていませんか？

- 基本的に、仕事中にスマホは見ないこと
- パソコンのアイコンも整理して、デスクトップに置きすぎないようにしましょう

集中するのが苦手な人は、ついほかのことに気を取られてしまいがちです。

たとえば、あなたが企画書を作成するという作業に集中したいなら、**必要なもの以外は、目の届かないところに移動させてください。**

まず、スマホはカバンの奥へ。届いたＬＩＮＥにいちいち反応したりするから、せっかくの集中が途切れてしまうのです。そんなことは、すべて後回しにしましょう。

ほかの仕事の資料も、引き出しにしまうなどして「なかったこと」にします。

また、「時間内に終わりそうにないな」とか、「この仕事を上司はどう評価してくれるか」などと、よけいなことは考えないこと。

ただ、ひたすら**「今」「目の前」**にある**「そのこと」**だけに向き合うのがコツですよ。

集中力をつくる技術

02

気が散りそうになったら、自分の手を3秒見つめる

意識が散らかり始めたら
自分の手を
3秒見つめて
自分の意識を
コントロールしましょう

- 脳には「ストレス回避行動」をとりたがる性質があります
- 意識が「散らかる」と思ったら、すぐに手を見つめましょう

試験勉強に集中しなくてはならないのに、床のホコリが気になって掃除を始めてしまった。そんな経験がありませんか。

このように、自分の作業以外のものが視覚に入ると、とたんに集中力をそがれるのは、**一つのことに集中するのに疲れた脳が、ほかのものを探し始めるから**です。脳が**ストレス回避行動**をとりたがっているのです。

せっかく仕事に集中していたのに、机の上に積み上げられた資料や人の話し声など、別のものに意識が向かい始めた……。

そんなときは、自分の手を3秒見つめてください。それによって、散らかりそうになっていた意識が自分に戻ってきます。

自分の意識を自分でコントロールすることが、集中の第一歩です。

集中力をつくる技術

03

「5分だけやろう」で集中力のスイッチオン

集中したいなら、
がんばらないこと。
ハードルが高いと、
脳はやらない理由を
探し始めてしまいます

- 「簡単」なことを「5分だけ」やって、集中のエンジンをかけます
- 5分だけでも集中できたらOK！　自信を持ちましょう
- たった5分の小さな成功を実感していきましょう

「集中したい！」のにできない一番の理由は、なんと言っても「面倒くさいから」。

たとえば、英語の勉強をしたほうがいいことはわかっているものの、分厚い参考書の練習問題に長時間向き合うのは、誰だって面倒くさいのです。

だから、最初は「5分でいい」と自分に言い聞かせてください。欲張って「3時間はがんばろう」などと思わないこと。

5分なんて短いようだけれど、じつは結構いろいろなことができます。英単語なら3つくらい覚えることが可能ですよ。

その5分を毎日やっていれば、あなたの世界ががらっと変わります。

まずは、**たった5分でいいから、エンジンをかける練習をしてみましょう。**

集中力をつくる技術

04

「15分」を繰り返す

人が集中できるのはたった15分。集中力の高い人も、ずっと集中しているわけではありません

- どんな人でも、15分ならなんとかなります
- 15分だけ、何も考えずにやってみます
- 15分を繰り返しているうちに、いつのまにか「集中できる人」になります

人はどのくらいの時間、集中していられると思いますか？

大学の講義など、一コマ90分というケースがほとんどですが、じつは学生たちが本当に集中しているのは15分ほど。ほかの時間は、たいていよけいなことを考えています。

ビジネスでも、一部の例外的なハイパフォーマーは別として、大方は、15分くらいしか集中力が続かないと言われています。逆に言えば、いつでも誰でも「15分ならなんとかなる」ということ。ですから、**まずは、15分で区切ってみましょう。**

15分間は、よけいなことを考えず、やらなければならないことに集中します。それができたら、「また15分」を繰り返し、自分に「集中する感覚」を覚えさせていきましょう。

集中力をつくる技術

05

「よし!」と、自分に声をかける

集中したいことを
目の前にして
「よし!」。
小さな成功にも
「よし!」。
短く声を出すと
リズムが生まれ、
集中力がアップします

- 脳への集中スイッチは、短い言葉が最適
- 大事なのは、しっかりつぶやくこと。小さな声でも、心の中でもＯＫ
- 何度でも使いましょう。脳はノリがいいので、これでサクサク進みますよ
- 小さくガッツポーズをつけてもいいです

集中したいことを目の前にしたら、まずは「よし！」と声に出してください。この一言で、脳が「今から○○をやるんだ」と思い込み、集中のスイッチが入ります。脳は案外、だまされやすくノリがいいので、これで充分。長い文言だと、かえってだらだらしてしまいます。

大事なことは、ちゃんとつぶやくことです。「言ったつもり」はＮＧ。小さな声でも、あるいは心の中でもいいから、意識的にしっかり「よし！」と言ってください。その小さな行動こそ、あなたを変える第一歩なのです。

この「よし！」は、何度でも使ってください。たとえば、5分間集中できたら「よし！」。再び集中するときに「よし！」。こうしてメリハリをつけながら、脳をその気にさせていきましょう。

集中力をつくる技術
06

うるさくて集中できないならイヤホンを耳に！

物音が気になったら、集中していない証拠。自分に意識を戻しましょう

- 人は集中していると周囲の物音は気になりません
- うるさいと感じるのは、集中できていないから
- 受け身の被害者にならないことが大事
- 場所を移動できるなら、そっと移動しましょう

人は本当に集中していると、周囲の物音など気になりません。しかし、没頭するまでは、必ずしもそうはいきません。隣のデスクで同僚がおしゃべりしていれば、集中できなくなってしまいます。

こういうときに、「邪魔されている」と被害者意識を持つのは最悪。そうすると、そこに意識が行ってしまい、ますます集中できなくなります。

必要なのは、**音を遮断《しゃだん》することばかりを意識するのではなく、自分に意識を戻すこと**です。

その場所から移動できたら一番いいのですが、それが無理なら、仕事の音声データでも聞くふりをして、両耳にイヤホンを差し込んでしまいましょう。無音にはなりませんが、意識は自分に向かい始めるはずです。

集中力をつくる技術

07

自宅で集中したいなら、リモコンの位置を変えておく

「つい見てしまう」ことや「見たい」ものは、「見えない」ようにしておきます

- テレビのリモコンやスマホは、目に入らないところに置いておきます
- テレビなどは電源コードを抜いておきます

仕事を持ち帰った週末、土曜日の午前中で終わらせるつもりだったのに、ついテレビをつけてお昼すぎまでずるずると見続けてしまった。やっと取りかかったと思ったら、スマホに友人からの相談メールが。とうとう、仕事は一つも手をつけないままだった……。

このように、自宅での集中を妨《さまた》げる大きな要因は、テレビとスマホです。こういったライバル行動を減らすには、**「見たい」ものを「見えない」状況に変えておきます。**スマホはあえて取り出しにくい引き出しの奥に入れる、テレビの電源コードは抜く、リモコンも隠す、といった具合に、前もって排除しておきましょう。

ちなみに私は、自宅で勉強をするときはテレビ画面に大きなシートを貼って、ホワイトボードのように使っています。

集中力をつくる技術

08

集中する場所を決めておく

新たに集中
したいときは、
場所を変えると、
切り替えが
早くできます

あれ？席逆じゃない？
ボクの机が集中できるらしくて

- 場所を変えると、切り替えができます
- 机の右側でやることと、左側でやることを決めるという方法もあります
- 「ここが集中する場」と決めましょう

新しい仕事をしなければならないのに、「さっきのメール、どうしようか」などと気になって、集中できないことがあります。人は、前の情報を引きずってしまうので、どうしてもこういうことが起きるのです。

新たな集中を必要とするとき、一番いいのは場所を変えることです。同じ環境のままでいたら、なかなか切り替えがききません。自由に使用できるワークスペースなどがあったら、そこへ移りましょう。

それが無理なら、**「ちょい移動」**を。たとえば、机の左半分ではエクセルなどの単純作業を、右半分では企画書づくりなどのクリエイティブな集中作業をと決めてしまうのです。

こうして、なかば強制的にスイッチを切り替えてしまいましょう。

集中力をつくる技術

09

切り替えタイムは3分だけ

「悶々《もんもん》」と悩む時間はムダ。
3分間のインターバルで、
一刻も早く
切り替えましょう

- 悩んではかどらないときは、さっさとインターバルをとりましょう
- ため息をつくだけでも効果があります
- 集中力に自信がないときは、長い休憩は逆効果

「集中しよう」と思って集中できたら、誰も苦労はしません。気持ちはあるのに行動がついていかないから、悶々と悩んでしまうのです。

でも、**悶々としている時間ほどムダなものはありません。**そんなときは、**さっさとひと呼吸おきましょう。**

ただし、**3分だけ**と決めてください。集中の上級者になってからは長い休憩もＯＫですが、最初は長く休むと、エンジンをかけ直すのに苦労します。

3分じゃ、トイレも行けないかもしれませんね。休憩の目的は、悶々としている状況を切り替えることですから、「ふー」とため息をついたり背伸びをするだけでもいいのです。

こうしたプチ休憩でリセットし、新たに集中していきましょう。

集中力をつくる技術

10

ストレッチで背中を伸ばす

「なんだか集中できない」と思ったら全身の血流をよくするストレッチで脳の回転をアップ！

- 体の中央に位置する、背中の筋肉を伸ばしましょう
- 両手を組んで上に引っ張り上げます。椅子に座ったままでも、立ってもOK
- すっきりした気分で「よし！」と自分に声をかけましょう

集中のためには、脳の血流が大事だということはわかりますよね。脳の血管は全身の血管とつながっていますから、すなわち、全身の血流が大事なのです。

だから、「なんだか集中できない」と感じたら、**血流改善のためにストレッチ**をしてみましょう。とくに、背中を伸ばしてください。

椅子に座ったまま両手を組んで、その両手を上に引っ張り上げるようにしてもいいですし、立ち上がって行なってもOKです。

気持ちよく伸ばしたら、「よし！」と自分に声をかけ、仕事に戻りましょう。

集中できないままだらだらしていると、「どうせ私はダメなんだ」などと、さらに悪い方向に考えが行きます。簡単なストレッチで、そんな自分を引き戻してあげましょう。

集中力をつくる技術

11

「もうちょっとやりたい」ところでやめておく

「もうちょっとやりたい」でストップすると翌日も疲れることなく集中できますよ

- 大切なのは、いつも一定のパフォーマンスを上げることです
- 燃え尽きる前にストップして、ノリのよさを翌日まで残しましょう

これまで集中できなかった人が、ちょっと集中できると、「この調子」とばかりに飛ばしすぎ、バーンアウトしてしまうことがあります。

集中することに慣れていないので、どのあたりが自分にとってちょうどいいラインかわからないのです。

大切なのは、**たった一日の奇跡的ながんばりではなく、いつでも一定のパフォーマンスを上げること**です。

エンジンのかかり始めに休む必要などありませんが、思いのほか長時間集中しているようなときには、**「もうちょっとやりたい」と感じたあたりでやめておきましょう。**

全部完成して、翌日抜け殻になるのではなく、少し残しておいて、ノリのいいままにその仕事を再開するのがうまくいくコツです。

コラム

集中力には限界があります

本書のあちこちで述べていますが、私たちの集中力には限界があります。私たち人間にはさぼる時間も必要で、100%の集中なんて、そもそもできません。

だから、集中についても「腹八分目」が理想。かなりがんばりたい気分のときでも「やや物足りない」くらいで満足してください。

もちろん私もそうですが、人は自分ができる範囲のことしかできないし、それでいいのです。「自分の力を超えて何かをしよう」としているがんばり屋さんを私はたくさん見てきていますが、たいてい成し遂げたあとにバーンアウトしてしまい、その次の業務に取りかかるのが遅くなるなど、生産性の悪い事態を招いています。

それよりも、余力を残して少しずつ少しずつ、集中力のキャパを増やしていくのが正解です。

落ち込んでいても、疲れていても、すっきり

第2章

気分がのらなくても集中する技術

「気分」は何も悪くない。「嫌だなあ」と悩むから「嫌だなあ」ということに集中が向いてしまうのです

私たちは、何かにつけて「気分がのらない」と感じます。そして、それを集中できない原因だと考えます。

しかし、その認識は間違っています。

そもそも、「気分がのらない」とはどういうことなのか、明確に答えられる人などいないはず。曖昧《あいまい》な認識のまま、自分で勝手にそういう状況をつくりだして

いるだけです。

たとえば、「はあ、嫌だなあ」とため息をつけば、脳は「そうか、今は嫌な気分なんだ」と認識し、気分がのらない行動に出ます。つまり、集中するのとは反対の行動に出ます。

このように、**集中できない人は、よくわからないままにネガティブな感情に脳を支配されていて、自らを「集中できない」方向へと導いている**のです。そして、「集中できない」と悩むことに集中し、本来、集中したいことにその力を向けることができずにいます。

「気分がのらないから集中できない」というのは、まったく根拠のない歪《ゆが》んだ認知で、それを転換することが重要なポイントになってきます。

あなたの気分は、どこも悪くありません。

あなたは、ちゃんと集中できます。

これから紹介する方法で、認知の歪みを正し、スッキリした状態で集中していきましょう。

行動科学マネジメントのヒント

なぜ、人の認知は歪むのか

行動科学マネジメントと根っこを同じくする理論に、「マインドフルネス」があります。マインドフルネスは、「いま、この瞬間」に意識を向ける心理的手法で、グーグルなど大手企業でも採用され、従業員のマネジメントに役立てられています。

そこでは、**歪んだ認知をいかに正すか**が重視されています。

私たち人間の脳内では、**目の前のこととは関係のないマインドトーク**（心の中の独り言）が絶えず行なわれており、その数、**1日に7万語**に達すると言われています。しかも、その大半が将来への漠然《ばくぜん》とした不安や、過去への後悔などネガティブなもので、それによって認知が歪んでしまうのです。

たとえば、やってみなければわからないプレゼンの前から、「きっと失敗する」「うまく、できそうにない」などと思い込むのは、認知の歪みの典型です。

そして、そう思い込めば、脳は「そうか、失敗するのか」という方向に動くので、本当に失敗してしまいます。

そのことによって、「やっぱり、何をやっても私は失敗するんだ」などと、ますます認知が歪んでいきます。

「気分がのらない」とか、「集中できない」という歪んだ認知を、一刻も早く転換しましょう。

○「気分がのらない」と思うから集中できない

×「気分がのらない」から集中できない

集中力をつくる技術

12

気分がのらないときは、机をコンコンと叩く

集中を邪魔するのは、
雑念。
机を叩く音を聞いて
雑念から
抜け出しましょう

- 雑念には、案外気がつきません
- 「今、ここ、私」を忘れないで
- コンコンコンと、自分で立てた音を聞いて自分に意識を戻しましょう

集中したいのに気分がのらない。こんなとき、多くの人は「のれない自分がダメなのだ」と考えます。でも、じつは**雑念に邪魔をされているだけ**。言ってみれば、**よけいなことを考えているだけ**なのです。

「雑念」というくらいですから、さまざまな感情が、湧《わ》いては消え湧いては消えを繰り返し、目の前の仕事に集中することを阻《はば》んでいます。

でも、こうした「雑念」ははっきりした姿では表われないので、たいていの人は、そのことに気づけません。

こういう状況から抜け出すために、私がおすすめしているのが、机をコンコンコンと叩くこと。その音を聞くことで、**雑念に支配されている意識が自分に戻ります**。いつも、**「今、ここ、私」**でいることが、集中には大事なのです。

集中力をつくる技術

13

「やること」は、考えないで書き出す

脳はとても疲れやすい器官。
だから、今日やることは、
書き出すだけ。
できそうなことにマルをつけて、
それができたらＯＫです

- 考えてもしょうがないことは考えない
- 今日やることは、できるだけ少なく書き出して淡々と眺める
- できそうなことにマルをつける

「今日はなんとしても〇〇をやらなきゃ。いけない、××もまだだった……」

満員の通勤電車に揺られながらこんなことを考えていたら、すでに仕事を始めるのが憂鬱になってしまいます。

しかも、**脳はネガティブな雑念に満ちているため**、どんどん悪い方向へ考えがち。だから、**その日の予定については、「考えるのではなく書き出す」方法をとりましょう。**

会社に着いたら、深く考えずにその日にやるべきことを書き出します。そして、**「これだけは必ず」というものにマルをつけ、それだけできたらよしとしましょう。**

そのくらいのゆるい感覚で取り組むと、案外いろいろできてしまうものです。厳しくしすぎて、脳を疲れさせないよう注意してください。

集中力をつくる技術

14

気になることや不安は、前日までに書き出しましょう

気になることや不安があると、集中できません。書き出してしまいましょう。書き出すと、案外たいしたことでないと気づくことが多いですよ

不安
もやもや
気になってること
怖い
恐ろしい
なにコレ

- 不安を曖昧にしておくと、「恐ろしいもの」に育ってしまいます。
- 不安の正体を明確にしましょう
- 書き出したことは、前日までに一つひとつ片づけるのがコツ

「来週のプレゼンが不安で、目の前の仕事に集中できない」

こんなことってありますよね。でも、漠然と不安に思っていても、まったく解決には向かいません。**不安を抱えているときには、それを書き出し、細分化して解決しましょう。**

たとえば、プレゼン資料が整うかどうかが不安だというなら、必要な資料をリスト化し、一つひとつチェックしていきます。「これ、ＯＫ」「これはまだ」と具体的に確認していくと、意外にたいしたことはないと気づくでしょう。前日までに準備はすませて悠々としておきましょう。

不安に向き合うのが嫌で、その正体を曖昧なままにしておく人が多いのですが、じつはそれは逆効果。「どうってことない」ことを、自分で恐ろしいものに育ててしまいますよ。

集中力をつくる技術

15

「1、2、3」と呼吸を数える

集中力を高めるには、リラックスしていることが大事。呼吸を感じ取れるようになると、散らかった気持ちも集まってきます

- 呼吸を意識して「1、2、3」と数えます
- なるべくゆっくり数えましょう
- 胸ではなく、お腹《なか》で呼吸をするつもりで

「私は注意力散漫で集中できないんです」

こう自覚している人は多いでしょう。たしかに、気持ちがあちこちに散らかっていたら、集中などできませんよね。

では、散らかった気持ちはどうやって集めてあげればいいでしょうか。

その最良の方法は、**自分の呼吸に意識を向け、「1、2、3」と数えてみる**ことです。しかも、なるべく**ゆっくり数えて**ください。それによって自然と呼吸が深くなります。

私たちは、落ち着いているときには副交感神経が優位になり、深い呼吸をしています。リラックスしている、とてもいい状態です。

そういう状態を意識的につくりあげ、じっくりと物事に取り組めば、自《おの》ずと集中力が増していきます。

集中力をつくる技術

16

「上・下・右・左」トレーニングですっきり

「上」と思ったら
上を向き、
「右」と思ったら
右を向く
トレーニングです。
集中を邪魔する
雑念を消していく
効果があります。

- ゲーム感覚で楽しみましょう
- 誰かの指令に従うのもＯＫ

集中したいことがあるときは、雑念に邪魔されがちな意識を切り替えるトレーニングをしてから取りかかると効果的です。

自分で「上」と思ったら上を向き、「右」と思ったら右を向くということを、上下右左で3分間くらい続けてみましょう。このとき大事なのは、「なるべく早く脳の指令通りに行動しよう」とすること。そこに意識を向けることで、雑念を消していくことができます。

自分一人ではやりにくいなら、誰かに方向を指示してもらい、それに従うというのでもＯＫです。人の指示した方向であっても、それを一度、脳が理解して指令を出すので、同じような効果が得られるからです。

「感覚」でどうにかしようとせずに、集中モードに切り替える「行動」をとりましょう。

集中力をつくる技術

17

上を見よう、胸を張ろう

人は上を見るだけでポジティブになれます。
下を見るだけでネガティブになってしまいます

- 「元気を出さなきゃ」という意気込みでは元気は出ません
- 落ち込んだときこそ、上を向いて、胸を張りましょう
- 気持ちと行動は密接につながっています

集中できていないとき、人は猫背気味になる傾向があります。また、悩んでいるときには視線を下に向けるということも、行動心理学で実証されています。

このように、気持ちと行動は密接につながっており、行動を変えることで気持ちを変えることも可能になります。

やらなければならないことがあっても、ショックなことなどがあって落ち込んでいれば集中できませんよね。そんなときに、「元気を出さなきゃ」と思っても無理。それよりも、**視線を上に向けたり、胸を張ったりという行動が効果を発揮します。**

「こんな状態では、うまくいきっこない」

最初からネガティブな気持ちに支配されそうになったら、上を向いて胸を張ってください。

集中力をつくる技術

18

失敗したら「教訓は何？」

失敗や後悔から「教訓」を見つけましょう。気持ちが切り替わって、集中力が戻ります

- 昨日のこと（過ぎてしまったこと）を悔やんでも、なんの得もありません
- どんなことからも教訓は見つけられます
- 失敗すればするほど強くなる。これは本当です

「どうも気分がのらない」というとき、その仕事自体に原因があるのではなく、ほかのことが影響していることが多いのです。たとえば、昨日の失敗。

「○○課長に誤解されるようなひとこと、なんで言っちゃったんだろう」

いつまでもクヨクヨして、肝心なことに集中できません。でも、昨日の失敗で今日の仕事に悪影響を与えるのは、非常にもったいない。なんとしても、そこから脱出しましょう。

失敗したときは、「教訓は何？」と考えを切り替えるクセをつけてください。

たとえば、「言葉の使い方に気をつけよう」とわかったなら、それは大きな学び。「そうすればいいんだ！」と自分を褒《ほ》めてネガティブな気持ちをリセットしましょう。

集中力をつくる技術

19

睡眠環境で集中モードをつくる

集中力の高い人はよく眠ってます

- 集中は、「頭でするもの」ではありません
- 眠る前には部屋を暗くして「これから眠るんだ」と脳に理解させてあげましょう
- 朝日を浴びれば、起きるスイッチが入ります

集中力は体調に大きく左右されます。

じつは、頭は起きていても体が眠っていて、それで集中できないということがあるのです。集中したいときに、頭も体も絶好調な状態に整えておきたいですよね。そのために大切なのは、睡眠環境です。

私は、眠りにつく30分前には部屋の明かりを落とし薄暗くしておきますし、目覚めたらカーテンを開けて朝日を浴びます。**眠るときは眠る行動を、起きるときは起きる行動をとりましょう。**こうしたリズムを無視して、ゲームをやりながらいつのまにか寝て、起きてぼーっとしたまま仕事を始めたのでは、集中をするのは難しいでしょう。

自分の体をメンテナンスして、隠れた集中力を引き出しましょう。

集中力をつくる技術

20

朝はスマホを見ない

朝のスマホで、その日の集中力を使い切らないようにしましょう

- 一日の集中力は限られています
- 効率的に集中するには、よけいなことで脳を疲れさせないこと
- 必要のない情報収集は脳を疲れさせるだけですよ

「深夜にスマホは見ない」と決めている人は多いようです。質のいい眠りを手に入れるためにも、いいことだと思います。

では、朝はどうでしょう。通勤電車のなかで、スマホを見てはいませんか？

私のセミナーの参加者に「朝の通勤時間を利用して情報収集に努めている」と言う人がいました。電車のなかでオンラインニュースなどをチェックするのだそうです。

でも、朝のスマホには注意が必要。スマホを見ることで脳が疲れてしまい、仕事で集中力が途切れてしまう可能性があるからです。本当は、目を閉じて脳を休ませてあげるくらいでいいのです。

一日の集中力は限られています。朝のスマホで、その日の集中力を使い切らないように。

集中力をつくる技術

21

「これをやると調子がいい」をやっておく

脳に自信をつけさせるいい習慣を持ちましょう。脳は単純なので、それだけで集中のスイッチを入れてくれます

- ハードな運動などをする必要はありません
- ちょっとしたことで充分
- 「これで調子がよくなる、大丈夫」と自分に言い聞かせるのがコツ

私には、寝る前に白湯《さゆ》を飲む習慣があります。「寝る前に白湯を飲むと翌日の体調がいい」と感じるからです。

本当に、それがいいかどうかは証明できなくとも、**「これをやっていると調子がいい」と自分が思える行動を、習慣にしておく**ことをおすすめします。それによって、脳もポジティブな方向に動きますから。

駅では、階段を使う。

1日30分のウォーキングをする。

バスソルトを入れた湯船に浸《つ》かる。

どんなことでもいいから、「体の調子がよくなる習慣」を持ちましょう。そして、**「○○をやっているから自分は大丈夫」と言い聞かせてください。**単純な脳は、それで集中力のスイッチを入れてくれますよ。

集中力をつくる技術

22

集中できた状態を記録する

「集中できた」状況を
繰り返せたら
効率的ですね。
だから、
「集中できた」ら、
しっかり記録して
おきましょう

黄色のネクタイ
ジュースよりコーヒー
ドトール2階窓に面した席
朝はごはん
睡眠7時間

- 人によって集中できる状況は異なります
- 自分の「集中モード」を把握しましょう

これまでのあなたは、集中できなかったのではなく、集中できる状態になっていなかっただけです。

そこで、「今日は集中できた！」という日があったら、その日の状況について細かく記録しておいてください。

前日は何時間眠りましたか？

朝食は何を食べましたか？

着ていた服の色は何色でしたか？

誰と、どんなおしゃべりをしましたか？

仕事を始めるとき、どんな気分でしたか？

そうした環境の一つひとつを記録しておき、次回から、なるべく同じような状況をつくりだしていきましょう。

集中できた時間帯や場所なども、しっかり把握しておきましょう。

集中力をつくる技術

23

「やろうと決めたのは自分」を思い出す

それを
「やらない」選択肢も
あったはず。
誰かのために
やっていることでも、
やろうと決めたのは、
自分！

片づけもう
面倒くさい
ハー
だら
だら
新しい
仕事机を
置く場所が
いるんだった

- やろうとしていることは、「自分が決めたこと」だと忘れないで
- 人は、好きなことと、自分のためのことには、集中できます
- 「何のためにやるのか」を考えましょう

「あー面倒くさい」「やる気にならない」「どうやったって集中できない」と思うとき、ありますよね。

でも、よくよく考えてみると、それは、あなたがやろうと決めたこと。おそらく「やらない」という選択肢もあったはずなのに、あなたはそれをやろうと決めた。たとえ誰かのためにやっていることでも、やろうと決めたのはあなた。**自分のためにやっているのです。**

人は、好きなことには嫌でも集中してしまいますよね。同様に、自分のためのことなら、本当は集中できるはずなのです。

だから、**「何のために、それをやるのか」という目的をいつも考えてみてください。**自分のための目的が見えれば、脳は自ずと集中する方向に動いてくれますよ。

コラム

小さなごほうびをあげましょう

人がいい習慣を身につけるには、いい行動を繰り返す必要があります。でも、「継続」ってなかなか大変。だから「今日もできた」というときには自分にごほうびをあげてください。それによって、「またやろう」という気持ちになれますから。

じつは、以前の私は、営業の仕事がとても苦手でした。そこで、「逃げずに集中できたら、大好物の塩大福を食べる」というマイルールをつくり、それを守りました。すると、塩大福食べたさでしょうか、いつのまにか営業の仕事をやり通せるようになったのです。

こんな、「人が聞いたら笑っちゃう」ものでもいいのです。ちょっと高級なバスソルトを使うとか、スタバのコーヒーを飲むとか、あなたが「嬉しい」と感じられるごほうびを考えてください。

時間内に必ず終わる人になる

第3章

「ギリギリにならないと集中できない」自分を変える技術

いつもギリギリにならないと集中できないのは、残念ですが、見積もりが甘いからです

やらなきゃいけないことはわかっているのに、ギリギリにならないと集中できない……。

多くの人が、こんな悩みを抱えています。

なんとか締め切りに間に合ったとしても、その間、ストレスにさらされるし、間に合わなかったりしたら評価はガタ落ち。いずれにしても、いいことはありま

せん。もっと早くから集中できる人になりましょう。

いつも締め切り間際にドタバタしてしまう人は、はっきり言って「見積もりが甘い」のです。とはいえ、さぼっているわけではありません。むしろ真面目。

たとえば、なにか一つミスを見つけたときなど、「こっちに間違いがあったなら、あっちも見なくちゃ」と、こだわりが出てきて終わらない一面があるのです。

そういう状況に陥《おちい》らないために、仕事は「見える化」しておく必要があります。それに、見える化できていないと、そもそもの目標設定からして間違ってしまいかねません。

あなたが取り組まなければならない仕事は、どういう内容のもので、どのくらいの分量があるのか。その一つひとつをこなすために、あなたはどのくらいの時間を充《あ》てなければならないのか。しっかりと見える化することで、ムダなく無理なく限られた集中力をそこに注げるようになります。

本当の「見える化」はこうする

あちこちで言われる「見える化」ですが、多くの場合、「見える化した気分」で終わっています。そのため、「見える化してから取り組んだはずなのに、やっぱり間に合わない」などといったことが起きるのです。

行動科学マネジメントでは、「MORSの法則」に従って、確実な「見える化」を実現しています。

M（Measurable）計測できる
O（Observable）観察できる
R（Reliable）信頼できる
S（Specific）明確化されている

これら4つの要素をすべて満たしたときに、「見える化できている」と行動科学マネジメントでは評価します。一つでも欠けていたら、「誰が見ても同じように再現性がある」とは言えません。つまり、本当の見える化はできていないのです。

漠然《ばくぜん》としたものではなく、MORSの法則に従った見える化を図《はか》ってくださ い。そして、やるべき仕事をしっかり見据えた上で、効率的に集中していきましょう。

○

一つの作業時間を測り、全体を積算して、仕事にかかる時間を見積もる

×

仕事にかかる時間は、大まかに見積もる

集中力をつくる技術

24

どんなことも締め切りを1日前に設定

前倒しで動く人は、ギリギリで動く人より結果的にうまくいきます

- 手帳に前倒しスケジュールを書き込みます
- 前倒しができたら、それを自信に変えましょう

ギリギリにならないと動けない状況を解決する最も手軽な手段は、**締め切りの前倒し**です。

たとえば、15日中に提出しなければならない業務計画書があるなら、自分の中で「14日が締め切り」と決めてしまうのです。

これによって、前日にならないと動けない人でも、結果的に2日前から行動するようになります。かつ、実際の締め切りには余裕で間に合いますから、イライラすることも減ります。

このとき大事なのは、「本当は15日でいいのよね」なんて、思わないこと。手帳の14日の欄に「業務計画書提出」と書き込み、それを守ります。

こうした前倒しを成功させることで、「自分はギリギリに動く人間ではない」という自信もついていきますよ。

集中力をつくる技術

25

仕事を終えたい30分前にアラーム設定

「予定の30分前」を目指すと、時間内に終わるようになります

このたびは『今すぐ！ 集中力をつくる技術』を
お買い上げいただき、誠にありがとうございます。
アンケートへのご協力をお願いいたします。

この本をお買い上げになった理由に✓印をお願いします。
(いくつでも可)

□ ①著者の作品が好きだから □ ②タイトルに惹かれて
□ ③カバーに惹かれて □ ④(　　　)新聞・雑誌の広告を見て
□ ⑤人にすすめられて □ ⑥内容が面白そうだったから
□ ⑦書店で見て
□ ⑧その他（　　　　　　　　　　　　　　　　）

この本へのご感想・ご意見・著者へのメッセージをお願いします。

著者に期待する今後の作品テーマは？

※いただいたご感想・ご意見は、新聞・雑誌などを通じて紹介させていただくことがあります。採用の場合は、特製図書カードを差し上げます。

●ご感想・ご意見を本の宣伝・広告等に使わせていただいてもよろしいですか？
□ ①実名で可　□ ②匿名で可　□ ③不可

ご協力ありがとうございました。

お手数ですが、
切手をお貼り
ください

101-8701

祥伝社　書籍編集部
『今すぐ！ 集中力をつくる技術』
担当 行

※このハガキにご記入いただいた個人情報とご意見は弊社で責任をもって管理し、弊社出版物の企画の参考とさせていただくほか、新刊情報をお送りすることがございます。

ご住所：

お名前：

ご職業：

年　齢：

メールアドレス：

- 予定の時間を目指すと遅れます
- 30分前倒しは、一つひとつの仕事にも適用しましょう
- 後送りのクセをなおすには、前倒ししかありません
- 何事も30分前行動で！
- スマホのアラームと競争して、ゲーム感覚で楽しくやりましょう

朝早くからがっちり集中して、就業時間内に仕事を終える。そんな理想的なビジネスパーソンになるために、タイムリミットに敏感な日々を送りましょう。

あなたがもし、「今日の仕事は7時には終えたい」と考えたなら、前倒しして6時30分に終了するようにしてください。さもないと、結局「7時30分くらいに終わればいいや」と、どんどん後送りするクセがついてしまいます。

このときに、6時30分にスマホのアラームを設定しておくといいでしょう。仕事を終える前に鳴ってしまったらあなたの負け。次回からは勝てるように時間配分を工夫します。

こんなふうにゲーム感覚で取り組んでいるうちに、「早くから動く」習慣が自然と身についていきます。

集中力をつくる技術

26

あえて約束を入れてしまう

「集中しない
わけにはいかない」
という状況を
自分でつくりましょう

- 予定のキャンセルはしないと決めましょう
- 予定はしっかり手帳に書き込みましょう
- 「遅刻魔」からも脱却できます

長期の仕事でも、あるいは1日単位の仕事でも、早くから集中できる人は、早く仕事も終わるからプライベートな時間を満喫できます。

それを逆手にとり、まずは**プライベートな予定を入れてしまう**ことで、早くから集中することが可能になります。

たとえば、4日間のお休みをとって香港旅行を予約してしまう。7時からの映画の指定席を買ってしまう。そのために、なにがなんでも仕事を終わらせなければならない状況をつくりだすのです。

また、**飲み会の約束などは、必ず「時間を守る人」になりましょう。**「後から遅れて参加すればいいや」と思っていると、いつまでたっても仕事は終わりません。普段からの時間に対する姿勢を変えて、集中力を養いましょう。

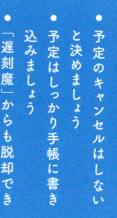

集中力をつくる技術

27

最初の一文字を打つ

打てる文字から打っていく。
すると脳がのってきて、
いつのまにか
集中してしまいます

- 相手の名前、タイトル、日付……考える必要のないことを打ち込んでしまいます
- 数文字打っただけでも仕事は進んでいます

提案書や企画書を作成するといったアイデアを必要とする仕事は、なかなかエンジンがかからないものです。結果、ギリギリになってしまうなんてことも……。だからといって、一日中パソコンの前で唸《うな》っていては焦《あせ》りが増すばかり。そんなときは、まず**「決まっていること」だけでも打ち込んでしまいましょう。**

たとえば、「〇〇様」という相手の名前や、「〇〇について」というタイトルだけでも打ち込んで書面にしていく。そんな外枠を埋める作業をしていると、だんだん脳がのってきて、いろいろアイデアも浮かんできます。

もし、浮かばなかったとしても、少なくとも数文字打っただけでも仕事は進んでいます。それを自分の目で確認することで、焦燥感から解放されます。

集中力をつくる技術

28

材料を全部揃えようとしない

今できることから手をつけましょう。よい加減（いいかげん）の気持ちでスタートした者の勝ちですよ

- 材料は3分の1が揃ったらスタートしましょう
- 「ちょっと、いいかげん」でいいので、1歩でも前に進みましょう
- 唸っているだけでは何も進んでいません

「まだ、何も手をつけていないの？」
「だって、材料が揃わないんです」

これも、ギリギリまで動けない人の特徴の一つです。準備万端《ばんたん》に整えることにこだわっていたら、スタートは遅れてあたりまえです。

なまじ、完璧な材料をどどーんと揃えてしまうと、「こんなにたくさんやらなくちゃ」というプレッシャーにもつながるので、**揃わないうちから始めてしまう**ことをおすすめします。

半分でも、3分の1でも良しとして、今できることから手をつけていきましょう。そのうちに不足していた材料も揃ってきます。

もっと気楽に、行動しましょう。「ちょっと、いいかげん」くらいでいいのです。唸っていないで、1歩でも2歩でもいいから足を前に出してください。

集中力をつくる技術

29

3分以上考え込まない

考える作業↓
ルーティン作業↓
考える作業↓
ルーティン作業
の切り替えで、
集中力を保ちましょう

- **人は飽《あ》きやすい生き物です**
- **3分間指が止まったら、違うことを始めましょう**

人は飽《あ》きやすい生き物ですから、一つの作業を長く効率的にこなすことはできません。とくに、「考える」ことを必要とする作業は、ある程度の時間で限界がきます。

それを無視して、「なんとかしよう」と頑張るのは、まったく意味がない努力です。

私の場合は、**「3分以上、考え込まない」**を一つの目安にしています。パソコンを前にして**3分間指が止まっていたら、「ああ、脳が疲れているな」と判断**します。

そんなときは、コピー取りなど、機械的に手足を動かすだけで済むルーティン作業に切り替えます。

もちろん、人はルーティン作業にも飽きますから、そのときはまた考える作業に切り替えるとうまくいきます。

集中力をつくる技術

30

「今日やって良かったこと」を3つ書く

集中できる人とは
「したい（want to）」が
ある人のこと。
自己肯定感を
アップすると
「しなくてはならない
（have to）」が
「したい（want to）」に
変わりますよ

集中できない
＝
仕事したくない
『したい』に変えるために
後輩のサポート
ありがとうございます
コピー用紙のつまりを直した
ガッ
ガッ
いらない書類をシュレッダーにかけただ
ガガー

- 良いことだけを思い出しましょう
- 帰宅の前か夜寝る前に書くのがおすすめ
- 自分への評価も変わってきますよ

なかなか集中できないのは、どこかに「集中したくない」という思いがあるから。

どうして集中したくないかといったら、「しなくてはならない（have to）」と感じているからです。それを、**「したい（want to）」に変えてあげる**必要があります。

本来、あなたの目の前にある仕事は、「have to」ではなく、あなたが望んだことです。そうした、**自分の「want to」に気づかせてくれるのが「自己肯定感」**。「どうせ、私なんか」と卑屈に思っている限り、気づけません。

そこで、普段から**自分がやって良かったことを思い起こす習慣を持ちましょう**。どんな小さなことでもいいので、**「今日やって良かったこと」を3つ書き出してみましょう**。それによって、自分への評価が変わってくるはずです。

集中力をつくる技術

31

サポーターをつくる

正しい意見を言う人よりも、あなたの味方になってくれる人を見つけておきましょう

- 正論を言われてへこんだのでは逆効果
- できるだけ大げさに励ましてもらいましょう
- あなたに余裕があるときには、お返しに励《はげ》ましてあげましょう

動かなければならないのに動けないときは、人の力を借りて「動かしてもらう」工夫も必要です。**「あなたなら、できるよ」と、励《はげ》ましてもらう**のです。

このときの励ましは、大げさなくらいがベスト。普段から、**褒め上手な人**を見つけておいて、「私にできるかな」と相談してみましょう。きっと背中を押してくれますよ。

間違っても、「自分でやらなくちゃダメじゃない」とか、「そもそも、なんでこういうことになったのかを考えないとね」などと、正論で攻めてくる人をサポーターに選ばないようにしてください。

目的は、あなたが動くきっかけをつかむこと。なにが正しいかについて、議論することではありません。

集中力をつくる技術

32

「火事場の馬鹿力」に頼らない。リラックスが集中のコツ

「一気に集中」は逆効果。
リラックスしたまま
ゆるやかに
始めましょう。
これが長続きする
集中のコツです

- 「火事場の馬鹿力」は続きません。かえってマイナスに作用することも
- がんばりすぎると不満が爆発しやすく、疲れてしまいます
- 呼吸を整えてからスタートしましょう

本当の集中力とは、「アドレナリンを出してがーっとやること」ではありません。

交感神経を活発にして短期で物事を片づける、いわゆる「火事場の馬鹿力」は、いつも一定のパフォーマンスを上げるべき仕事には、かえってマイナスに作用します。また、「自分はこんなにがんばっているのに」という不満を育てることにもつながります。

だから、集中したいことがあるときには、むしろ、**副交感神経を優位にしてリラックスしたほうがいい**のです。

具体的には、**まずは呼吸を整えること**。集中したい仕事があるとき、私はゆっくりと腹式呼吸をすることから始めます。そして、リラックスしたままにゆるやかにスタート。これが、**長続きする集中のコツ**です。

コラム

ペナルティには「ゲーム要素」を

望ましい行動をとれたときにはごほうびを、ＮＧ行動をとったときにはペナルティを。これが、一般的な考え方ですよね。でも、ペナルティを多用すると、人間は行動自体をとらなくなってしまうので、あまり賛成できません。

ただ、自分を甘やかしすぎるわけにもいきません。NG行動が3回続いたらペナルティも必要でしょう。

このときに、少しでも楽しい要素を入れておくことをすすめます。たとえば、やらなければいけないことに3日続けて手を付けられなかったら、「トイレをピカピカに磨こう」とペナルティを科します。「ああ、トイレ掃除？　嫌だけどしょうがない」。悔しいけれど、負けは負け。自分を笑うしかありませんよね。

こうして、ゲーム感覚で捉えられるくらいにしておくのがコツです。

「すべてをやらない」で効率アップ

第4章

膨大《ぼうだい》な業務にもパニックにならずに集中する技術

あれもしなくちゃ！これもやらなくちゃ！どこから手をつけていいかわからないとき、どうしたらいいのでしょう？

仕事になれてくると、だんだんと大きなプロジェクトをまかされるようになります。また、いくつかの仕事を重層的にこなす必要も出てきます。

こういうときほど落ち着いて集中する必要があるのですが、実際には、「どこから手をつけていいかわからない」とパニックに陥《おちい》りやすくなります。そして、集中どころではなくなります。

どこから手をつけていいかわからずに集中できない人がまず取り組むべきは、**仕事の細分化**です。大きな仕事をそのまま見ているからパニックになるのであって、小分けしてしまえばどうということはありません。

たとえば、「AからH」という大きな仕事を一度に片づけることはできませんが、「A」「B」「C」「D」「E」「F」「G」「H」と分けてしまえば、**一つひとつは、さほど苦もなく集中できます。**

しかも、分けてしまうことで、「最も集中すべきはEだ」とか、「Bは後回しでいいかも」といったこともわかってきます。ここに、ハイパフォーマーになるための大きなポイントがあります。

人はみな、限られた集中力のなかで仕事をしています。「全部をやろう」としても無理なのです。

細分化を図り、ハイパフォーマンスを実現する集中のしかたを身につけていきましょう。

「細分化」で何が得られる？
――「ピンポイント行動」と「劣後《れつご》順位」

仕事を細分化していくと、さまざまな行動のなかにある、**「業績に直結する行動」**が浮き彫りになってきます。それを、行動科学マネジメントでは**「ピンポイント行動」**と呼びます。

たとえば、営業という仕事を「アポ取り」「事前準備」「訪問挨拶」「商品説明」「クロージング」といった行動に細分化すると、ピンポイント行動はクロージングです。だから、できる限り**そこに集中力を傾ける**必要があります。

また、細分化することで、「今、集中すべきこと」と「今、集中する必要がないこと」が見えてきます。営業の事例で言えば、事前準備をしなければならないときに、商品説明の心配をしても意味がないのです。

大きな仕事、多くの仕事を抱えているときほど、**いらないものを捨てていく「劣後《れつご》順位」**のスタンスが求められます。**優先順位ではなく、劣後順位で判断していく**ことで、そのときに集中すべきタスクを限定できるのです。

仕事を細かく分解して、劣後順位でいらないものを捨てていく。こうした行動科学マネジメントのメソッドで、本当に重要なことに集中していきましょう。

○

仕事の業績に直結する行動に集中。
捨てる仕事も決める

×

すべての仕事に力を入れる

集中力をつくる技術

33

今日やることを3つ選んだら他のことは忘れてしまおう

やることを3つ選んだら
さらに一つずつの
小さな行動に
分けましょう。
集中するのは、
この小さな行動だけ！

- 一日のはじめに「今日やること」を3つ選びましょう
- その日にやること以外は、考えません
- 何をやるか、具体的行動に落とし込みましょう

あなたがやらなければならないことは、多岐《たき》にわたっているはず。それらを一日でやることは不可能なのに、「あれも、これも」と頭に思い浮かぶから途方に暮れてしまうのです。だから、一日のはじめに**「今日やること」を決め、ほかのことは忘れてしまいましょう。**

このときに、「今日やること」は少なめにしておくのがコツ。せいぜい3つに留めます。

そして、**その3つについて、さらに細分化し**ていきます。たとえば「A社に営業に行く」ではなく、「資料を揃える」「商品説明をする」「次回の約束を取り付ける」などと、行動を具体的にしていきます。

その一つひとつに集中し、潰《つぶ》すようにしていけば、確実に仕事は片づいていきます。すると、焦りが消えて、さらに集中できますよ。

集中力をつくる技術

34

「棚上《たなあ》げノート」に捨てておく

今やらなくてもいいことは、書いて忘れてしまいましょう。「今やること」に安心して集中できます

- はがれてしまう付箋《ふせん》よりもノートがオススメ
- ノート作成が目的ではないので殴《なぐ》り書きでOK

私たちが実際に活用できる脳のキャパは限られています。だから、**「今日やらないでいいこと」は、とりあえず捨てていかないと、すぐにキャパオーバーになってしまいます。**

一方で、「明日やらなくてはならないのに忘れてしまうと不安になる」と訴える人がいます。こういう人は、「忘れちゃいけないこと」がいつも頭の隅にごちゃごちゃ入っていて、大事なことに集中できないのです。

そんなときは、**「棚上げノート」**をつくりましょう。いわば、外付けの記憶脳です。

ここに、「今日（今）やらずに捨てること」を書き記しておけば、安心して忘れることができるでしょう。毎日、棚上げノートをチェックしてから仕事に入れば、抜け落ちもありません。安心して集中しましょう。

集中力をつくる技術

35

すべてに集中しないで、大事なところに力を注ぐ

集中力は限られています。メリハリをつけ、業績に直結する作業にだけ集中！

資料作成
コピーして10部作る
ファイルを整理
メールをチェック
会議室の予約
新しい企画を考える
デザイナーさんに連絡する
今は明日の会議の準備！

- 大事ではないことに、貴重な集中力を使わない
- 集中するパート、しないパートに分けます
- 「どこが大事か」に気づくには、やることを細分化してみるといいですよ

仕事のなかには、業績に直結する作業と、そうではない作業があります。もちろん、**限られた集中力は、業績に直結する作業に向けるべき**ですよね。ところが、そうではない作業に力を注いでしまう人が多いのです。自分の仕事を細分化していないために、どの作業が業績に直結しているかわからないからです。

たとえば、目の前の顧客にかける適切な言葉を考えるよりも、資料づくりに夢中になってしまうといった具合です。

そこで、あなたの仕事を細かい行動に分け、じっくり眺《なが》めてみてください。そして、**「自分が手に入れたいものは何か」**を考えてみてください。すると**「それを手に入れるために、最も集中しなければならないのはここだ！」**とわかってきます。

集中力をつくる技術

36

「集中タイム」を決めておく

人は
「ずっと集中」するのは
ムリなんです。
自分が集中できる時間帯に、
重要な仕事を
割り当てましょう

終業前の時間が
集中できる！
7:00
8:00
9:00
出社
10:00
11:00
プチ集中
12:00
13:00
14:00
15:00
16:00
集中
17:00
18:00
19:00
20:00
フランス語
21:00

- 集中できる時間帯は人それぞれ。自分の集中タイムを決めましょう
- 集中できる時間帯は、曖昧に捉えないで計測しましょう
- 同じ時間帯を使うと、集中のスイッチが自然に入るようになりますよ

8時間を超えるような勤務時間中、ずっと集中していることはできません。一日のスケジュールに、あらかじめ「集中タイム」を決めておくといいでしょう。

自分が「どの時間帯に集中しやすいか」を計測し、そこに重要な作業を持ってくるようにします。私の場合は午前中。集中力を必要とする仕事は、極力、午前中に入れています。

このように、集中する時間帯を決めておくことで、集中が「習慣化しやすい」というメリットもあります。たとえば、朝の7時から1時間、カフェで英語の勉強を続けている人は、その時間帯にカフェに行っただけで、自然と集中のスイッチが入ります。

あなたの集中が習慣になるように、一日の時間を上手に振り分けていきましょう。

集中力をつくる技術

37

100件の仕事は、20件×5回に分けて達成

大変な仕事はいきなり
100%やろうとしないで。
「20%ずつ」を5回
達成していきましょう。
こうすれば、疲れず、
ラクラク集中
できますよ

ずっしり
次の打ち合わせ
までに
読んでおいて
一章ずつ
読んでいこう

- 大きな仕事は、全部を見ようとしないで「20%ずつ」を意識しましょう
- 小さなゴールを設定して、ゲーム感覚で楽しくやりましょう
- 小さなゴールにたどり着くたびに、達成感を得て気分をアップ！

「営業のアポ電話を100件入れなさい」と言われたら、誰でもうんざりします。適当にアトランダムにかけてしまうか、かけたふりをしてごまかしてしまうのがオチです。

でも、20件ならなんとか集中できますよね。20件やってみて「できた」。また20件やってみて「できた」。これを5回繰り返せば、100件きちんと終わります。最初から「100件やろう」とするから集中できないのです。

大量の仕事があるときは、最初からそれを全部見ないで、「20%」だけ意識してください。そして、その20%を片づけて達成感を得てください。達成感を得れば、気分良く次の20%に取りかかることができます。

ゲーム感覚で20%を積み重ねていくのが、大きな仕事に集中するコツです。

集中力をつくる技術

38

達成できたら「ごほうびタイム」

「集中すればいいことあるよ」。ごほうびで脳にわからせてあげると、脳は勝手に集中してくれます

- ごほうびのレベルは、タスクの大きさに合わせましょう
- 結果が出る前にごほうびを先行させると、残念ながら効果は出ません

私たちの集中力は、動機付けと密接に結びついています。**「集中すればいいことがある」**と脳が認識すれば集中できますが、「集中してもムダ」だというのであれば、集中しない行動を探し始めます。

だから、**脳に「集中すれば得するよ」とわからせる**必要があります。そのために、ちゃんと集中したときには、自分にごほうびをあげてください。

たとえば、面倒な事務作業を終えたら好きなお菓子を食べるとか、契約が取れた日には欲しかった服を買うなど、大小いろいろなごほうびを設定しておきましょう。

ごほうびを効果的に使うためには、食べたければ食べ、買いたければ買うという生活を見直してみるのも必要ですね。

集中力をつくる技術

39

何事も「途中で変更OK」で始めよう

間違っていたら
変えればいい。
無理だったら
やめればいい。
気楽に考えて、
始めましょう

もう歩くのは無理だ…
もう終わりだ…
ヨレ
ヨレ
自転車にした！

- 「100か0か」思考では動き出せなくなってしまいます
- ちょっと不真面目くらいで気楽に動きましょう
- 合言葉は「誰も先のことなどわからない」

日本人は完璧主義者が多く、「100でないなら0と同じだ」という極端な思考に陥《おちい》りがちです。また、「なるべくだったら、いいものに仕上げたい」という真面目さもあります。そのため、完全な成功が見込めないと動き出せないという傾向が強くなります。

しかし、大きな仕事になればなるほど先は見えません。本当のところ、その仕事がどうなるかなんて、上司にだってわからないのです。だから、もっと気楽に動きましょう。

覚えておいてほしいのは、**何事も「途中で変更OK」**だということです。**進む方向を変えてもいいし、「やめた」もアリ**です。

それに、あなたが変更したくなくても、変更させられてしまうことだってあります。**「変更はあたりまえ」**と柔軟に考えましょう。

集中力をつくる技術

40

8割終わったら、次の仕事に意識を向ける

仕事のゴールが見えて気分がアップしているうちに、次の仕事を意識すれば、集中力が途切れずに移行できますよ

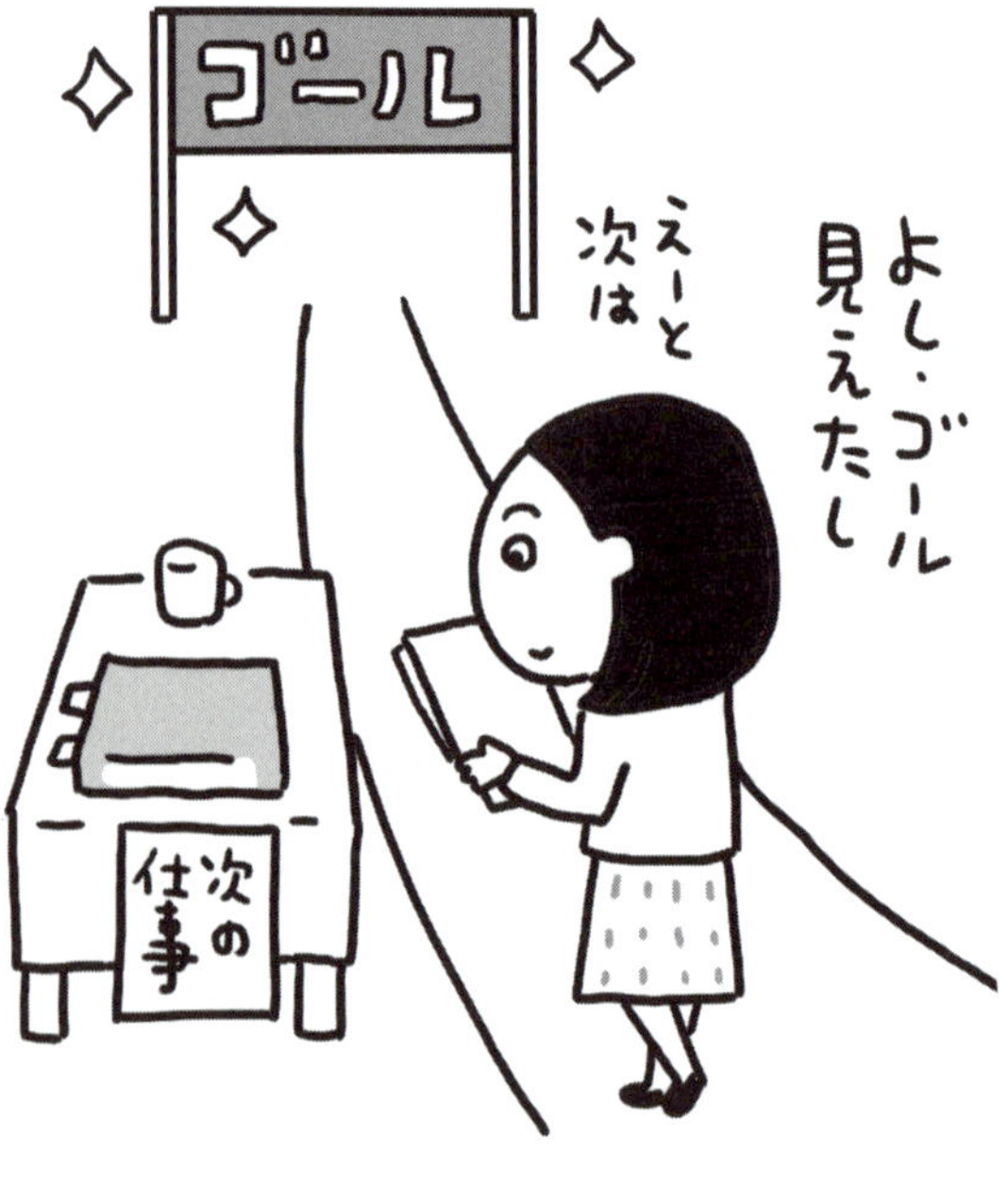

- 「燃え尽きて、次の仕事に集中できない」を防ぐには、燃え尽きる前に次の仕事に取りかかるのが正解
- バーンアウトのクセをつけると疲れ果ててしまいます

大きな仕事の到達点が見えてきたら、一気に集中して完成させたくなりますよね。でも、そこで、新しい仕事にも手をつけてしまうのが賢いやり方です。

というのも、大きな仕事であればあるほど、完成すると燃え尽きて、次の動き出しまで時間がかかってしまうからです。

Aを完成させてバーンアウト。しばらく動けず、ようやくBに取りかかる。Bを完成させてバーンアウト。しばらく動けず、ようやくCに取りかかる。こんなことを繰り返していたら、心身共に疲れ切ってしまいます。

具体的には、**8割方終わったら、次の仕事に意識を向けてください。**一つの仕事のゴールが見えて気分がアップしているうちに、集中力を上手に移行しましょう。

集中力をつくる技術

41

集中は、まず2時間で「強制終了」

いつも一定の
パフォーマンスを
上げるには、
決めたリミットで
「強制終了」。
今日の集中はここで終わり！

- リミットに達したら、誰が何と言おうと終わりにします
- 事務仕事は25分集中・5分休憩を4セットで、まずはやってみましょう
- 頭を使う仕事は50分集中・10分休憩を2セットまでをやってみましょう

いつも一定のパフォーマンスを上げるためには、自分がすり切れないようコントロールしていかねばなりません。そこで、**集中力が必要とされる大変な仕事には、リミットを設定**しておきましょう。

私の場合、企画立案など**頭を使う仕事は「50分集中・10分休憩」を2セットまで、事務仕事は「25分集中・5分休憩」を4セットまで**と決めています。たとえ、やりたかったことが残っていても、そこで強制終了します。それ以上やると無理が出て、翌日のパフォーマンスが落ちることがわかっているからです。

あなたにも、私と同じサイクルが適用できるかもしれませんし、もう少し長い設定をしてもOKです。いずれにしても、強制終了する勇気を持って、活用してみてください。

集中力をつくる技術

42

細分化して周囲を巻き込む

できないことは助けを借りて、できることに集中しましょう。どこを手伝ってもらいたいのか、細分化して明確に依頼しましょう

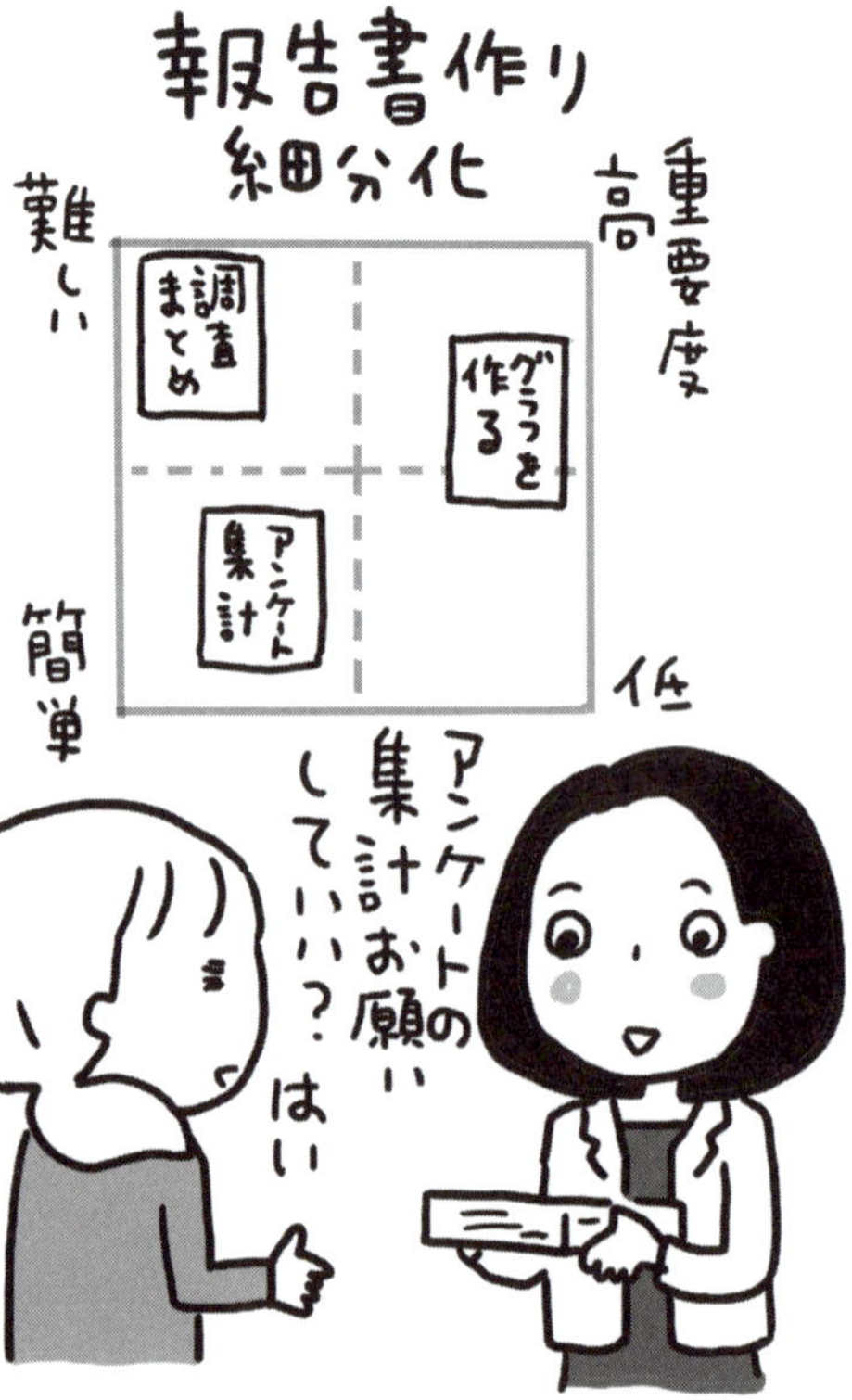

- 「一人でやろうと無理して失敗」は、周囲を最も困惑させます
- SOSを出す前に自分の仕事を細分化して整理しましょう
- 手伝ってほしい部分を明確に伝えましょう

「自分一人で、成し遂げられるだろうか……」

大きな仕事への不安を抱えているときは、遠慮なく周りの人を巻き込みましょう。なにもかも自分でやろうとして、結果的に「できなかった」というネガティブな思いに苛《さいな》まれるのではなく、小さな部分を受け持って、「できた」という成功体験を得てください。

周囲の助けを求めるためには、仕事の細分化が必要になります。ただ、漠然と「手伝ってください」というのではなく、「自分はAとCはできるので、Bをやっていただけますか」と伝えたほうが、周囲も力を貸しやすいでしょう。

また、細分化すれば、「大きく見えたことも小さい部分の集合だ」とわかりますから、パニックに陥ることも減ってきます。そのうちに、すべて自分でできるようになりますよ。

コラム

他人を集中させることってできる?

子どもが勉強に集中しない。部下が仕事に集中していないように見える。

つい、イライラしてしまいますよね。でも、自分以外の人間に集中してもらいたいときでも、基本的に原理原則の仕組みは同じです。

「相手に何に集中してほしいのか」というターゲット行動を明確にし、それが行ないやすい環境をつくればいいのです。

たとえば、子どもが帰ったら宿題を預かりリビングテーブルに置き、そのテーブルで15分間のおやつタイムをとってもらう。おやつが終わったら「よーいどん」と声をかけ、25分間、宿題に集中してもらうという具合です。

部下なら、「毎日17時から30分間をホウレンソウタイムにしよう」などと、意識的に時間を区切って声をかけるといいでしょう。

ここ一番の緊張を力に変える

第5章

本番で集中する技術

緊張しそうなときに何をすればいいのか知っていれば、本番に強くなれますよ

人間は、ネガティブな認知の歪《ゆが》みに左右されやすく、なかなか本来の力を発揮できません。とくに重要な事案ほど、実力の半分も出せないということが起きます。

プレゼンの前日までやる気満々だったのが、当日の朝になったら、いきなり「どうしよう、できないかも」という不安に襲《おそ》われ、逃げ出したくなったという

経験が、あなたにもあるかもしれません。

それは、どんなハイパフォーマーも同じ。一流のスポーツ選手だって、見た目にもわかるほど緊張していたり、重要な場面で考えられないようなミスをすることがあります。

だから、あなたが「ここぞ」という仕事であがってしまい、大失敗してしまったとしても、それは驚くに値しません。あたりまえのことなのです。

でも、あきらめることはありません。ネガティブに転がり始めた認知を正すちょっとしたコツを知れば、「頭真っ白」のピンチを切り抜けることができます。

ポイントは、**「緊張している自分」に意識を向けない**こと。さらには、**その緊張は別のところから来ている**ことに気づくことです。

そのための方法をいくつか持っていることで、何が起きても慌《あわ》てずに集中することができるでしょう。

行動科学マネジメントのヒント

科学的エビデンスがありますか？

行動科学マネジメントでは、曖昧《あいまい》で非科学的な手法は一切、用いません。たとえば、部下育成の場では、「上司の背中を見て育て」とか、「気合いが足りない」とか、「がむしゃらに頑張れ」などといった根性主義の表現は絶対に使いません。ビジネスが、根性でなんとかなるはずがないからです。

重要なのは科学的エビデンスです。何事も、科学的エビデンスに基づいてこそ再現性があると、行動科学マネジメントでは考えています。

人間は、緊張して自分を失いそうな場では、つい「非科学的」になってしまいます。その結果、おまじない的なものに依存したり、運頼みの「一か八か」で行動してしまうのです。

しかし、高度な集中が求められるような難しい場面ほど、曖昧さを排除し、エビデンス重視で動くべき。なぜなら、**「信頼の置けるデータに基づいているのだから大丈夫」**とぶれずにいられるからです。

これから紹介するいくつかのコツも、非科学的なものではありません。あくまで、「○○をしていればうまくいく」という再現性のある手法を採用しています。

○

行動のコツを知っていれば、誰でも本番に強くなれる

×

本番に強くなるには、「経験」「気合い」「がんばり」が必要

集中力をつくる技術

43

本番を想定してチェックシートで準備する

準備不足で「しまった」と
思ったとたん、
集中力はゼロに。
チェックリストでチェックして
準備を徹底しましょう

過去の事例
先輩たちの経験
準備用チェックリスト
これで大丈夫!

- チェックリストに、実際にチェックを入れながら準備します
- 自分では気づかない項目をリストアップするために、過去の事例を生かす
- 充分に準備をしたら、あとは自信を持って臨《のぞ》みましょう

大事なときに慌てふためいて集中できなくなる原因に、準備不足による「抜け漏《も》れ」があります。

たとえば、張り切って保険のセールスに行ったものの、相手企業の従業員数を把握しておらず、それを指摘されたとたんにしどろもどろになってしまうといったケースです。

だから、「ここぞ」という仕事に臨《のぞ》むときには、抜け漏れがないように**チェックシートを用いながら準備を進めましょう。**

チェックシートの項目は、**先輩たちが過去に使ったものや、経験などを参考に**しながら「鉄壁のもの」をつくりましょう。

充分な準備と、「これだけやったんだから大丈夫」という自信で、やるべきことにしっかり集中できるでしょう。

集中力をつくる技術

44

「私にはできる」と自分にエールを送ろう

不安が先行しそうになったら、
「私にはできる」。
それだけで、
脳ができる方向に
動き出します！

私にはできる
締め切り間に合わないかも
できないかも……

- エールは短い言葉ではっきりと言う
- 声に出さなくても、心のなかで唱《とな》えるだけでもＯＫです
- 何度でも、繰り返し言ってください

脳は考えたことを実現する方向に動くので、「できないかも」という思いを抱くと、本当にできません。 大事な仕事の前に「できないかも」と考えるのは、まさに自分の足を引っ張る行動そのものです。

しかし、重要な局面では不安が先行し、どうしてもネガティブなことを考えてしまうもの。そこで、普段にも増して、**自分にポジティブなエールを送ってあげる**必要があります。

このエールは、長々としたおまじないのようなものではダメ。**「私にはできる」**など、脳が認識しやすい**シンプル**なものがいいでしょう。

声に出さなくても大丈夫。心のなかで明確に唱《とな》えれば、脳にははっきり届きます。

「私にはできる」

この言葉を、何度でもつぶやいてください。

集中力をつくる技術

45

鏡の前で笑顔をつくろう

偽物《にせもの》の笑顔でも
脳は「楽しい」と思い込みます。
手鏡をバッグに
入れておくのもいいですね

- 緊張しているときには、緊張を感じ取らないほうがいいのです
- 顔のこわばりを解いて、声を出しやすくしましょう
- 笑顔をつくれば、脳は「楽しい」と思い込みます

私たちは、緊張すると顔がこわばり、口が開きにくくなります。口が開きにくくなれば、声が出にくくなります。

そして、小さくて震《ふる》えた自分の声を聞き、「私は緊張しているんだ」と認識し、よけいに緊張を高めてしまうのです。

このように緊張している場面で、「緊張するな」と自分に言い聞かせるのは、かえってそこに意識が行って悪循環を呼びます。

逆に、**無理にでも笑顔をつくり、「私は楽しいんだ」と認知を歪《ゆが》め、脳にそう思い込ませてしまったほうがいい**のです。

プレゼンなどがあるときは、**鏡に向かって笑顔をつくり、「楽しい」と言いましょう。**いつでも自分の笑顔が見られるように、手鏡をバッグに忍ばせておくのもおすすめです。

集中力をつくる技術

46

手足を「グーパー」する

震えているのは、
手足が冷たくなっているから。
「緊張している」と思わずに、
手足を温めることを
優先しましょう

- 「震えるほど緊張している」は勘違い
- ぎゅっと握ってぱっと離すを繰り返して
- 靴のなかで足もグーパー

緊張は、血管の収縮を呼びます。血管が収縮すれば血流が悪くなり、末端まで血液が行き渡らなくなります。そのため、手足が冷たくなり、震えてきます。

このとき、冷たくなることで震えているだけなのですが、「私は震えるほど緊張している」と認識し、さらに緊張が高まるという負の連鎖に入ってしまいます。

その認知を転換させるために、**手足を「グーパー」**してみてください。靴のなかで、足も忘れずにやってください。ぎゅっと強く握ってぱっと離すことを繰り返していると、末端の血流が良くなって手足が温まってきます。

温まれば震えは止まるし、血流が良くなれば副交感神経が優位になってリラックスするという、いいサイクルが回り始めます。

集中力をつくる技術

47

うずまきを見る

商談に向かうときは赤。
事務作業のときは青。
元気を取り戻すには黄。
一点集中したいときは
うずまき。
色や柄《がら》を上手に使えば、
いつでもモードチェンジが
可能になります

- 「ここぞ」というときには赤を！
- 継続する必要があるなら青がおすすめ
- うずまきを見ていると、自然と集中モードに入ります

私たちは視覚からの情報に、想像以上の影響を受けています。

たとえば、色。赤は「ここぞ」というときの闘争心を呼び起こすと言われていますし、黄は落ち込んだときに元気を取り戻す効果があります。一つの作業を継続して行ないたいなら、青がおすすめです。

私のオフィスには、こうした色の効果を利用するために、いくつかの色の絵を飾《かざ》っています。実際に私は、**商談に向かうときには赤い絵を、事務作業のときには青い絵**を見てから集中するということをしています。

また、**「うずまき」柄には、人が焦点を合わせる効果**があることが実証されています。心を落ち着けて一点集中したいときなど、うずまきの絵を見るのもいいでしょう。

集中力をつくる技術

48

ネクタイの結び目を見て話す

商談のときの視線は、
ネクタイの結び目。
プレゼンのときは、
うなずいてくれる人を探す。
これでもう、
人前で緊張しませんよ

- 相手の反応を気にし始めると集中できなくなります。
- あらかじめ、気にしないですむ方策を見つけておきましょう

人との会話で目を見ずに視線を逸《そ》らせる人は、いい印象を持たれません。でも、商談などでずっと相手の目を見て話を進めるのはなかなか大変。それによって緊張感が高まってしまうなら、無理をすることはありません。**相手のネクタイの結び目あたり**を見れば大丈夫です。

一方、プレゼンなど大勢の前で話をするときには、「誰も聞いてくれない」と思うと緊張が高まるので、**うなずいてくれる人を探しましょう。**

もし、シーンとしていたなら「相手も初対面で緊張している」と考えたらいいでしょう。「自分と相手は同じだ」と思えば、反応がないことも気になりません。自分で自分を追い込んでパニックになっては損。「この静けさを基本にして場を温めていこう」と心の中で話してください。

集中力をつくる技術

49

緊張しそうになったら、かわいい写真を見る

頭で考えずに、「見て」リラックス

- 視覚からリラックス。頭で考えないようにします
- 子どもやペットのかわいい写真が効果的
- 絵や好きな言葉の書などの画像でもＯＫです

緊張というものについて、頭のなかでごちゃごちゃ考えていればますます混乱します。緊張しそうなときは、心が安らぐ写真などを見て、**視覚からリラックス**を呼び込みましょう。

たとえば、子どもやペットの写真をポケットに忍ばせておいて眺めるのもいいでしょう。美しい絵画や、好きな言葉が記された書などを、スマホのデータに保存しておくのもおすすめです。要は、「これを見れば大丈夫」というお守りを視覚で確認するのです。

ただし、それに依存するのはＮＧ。パワーストーンのようなものにすがるのではなく、あくまで**自分のモチベーションをコントロールすることが目的**です。なまじ「験担《げんかつ》ぎ」のようなことをすれば、「今日は○○を持っていないからダメだ」となって逆効果です。

集中力をつくる技術

50

「何のためにやっているんだっけ？」と問い直す

プレゼンは
契約をとるためのもの。
プレゼン自体が
目的ではないですよね。
目的と手段を混同しないように、
いつも自分に問いかけて

- 「緊張すること」に集中力を使わないで
- 目的と手段を混同しないように
- 「何のためにやっているんだっけ？」と問い直すと緊張も気にならなくなりますよ

私たちはつい、目的と手段を混同してしまいがちです。たとえば、プレゼンは契約をとるという目的のための手段なのですが、まるでそれが目的のように思ってしまうから、必要以上に緊張するのです。

ここ一番の仕事で、頭のなかが真っ白になってしまったときは、「何のためにやっているんだっけ？」と自分に問い直してみましょう。

目的が明確になり、「そのための手段をこれから講じるのだ」ということがわかれば、淡々としてきます。そして、やるべきことに集中できます。

それをせずに、「緊張すること」に集中するのはバカげています。本番に強い人になるために、「何のためにやっているんだっけ？」を合言葉にしていきましょう。

コラム

「形から入る」も重要です

雨の日には、どうしたってネガティブになりやすいもの。そんなときにチープなビニール傘をさしていれば、よけいに気分が落ち込んできます。ビニール傘は手放して、お気に入りの傘を使いましょう。

何事も「形から入る」は効果的で、これは「モデリング」という手法です。私の知っている成功者たちは、ここぞというときに、外見をしっかり整えています。

女性ならヘアサロンで髪形をばっちり決めてきたり、男性ならジャケットの胸ポケットにチーフをさしてきたり……。

こうして、「いつもよりワンステージ上の自分」を演出し、自らもそれを実感することでモチベーションを高めているのでしょう。

大金を投じる必要などありませんが、「ちょっと高価」を身にまとわせてあげることで集中力もアップしますよ。

短い時間でさくさく集中!　実践例&集中力アップシート活用法

第6章

「集中力をつくる技術」をこんなふうに使ったら、仕事・勉強・家事がみるみるはかどるようになりました

実践例 1

今日やることを分け、アラームを終業30分前に設定。これで残業ゼロに！

S・Aさん（20代・女性・営業事務）

集中して達成したい目標
週3回残業ゼロに

Aさんの悩みは、仕事の時間が読めずに毎日が残業続きなこと。どうやら集中のメリハリがついていないようなのです。

そこで、10時に出社したら、まず業務の棚卸をし、仕事を「今日やることやそれに準じたこと」と「そうではないこと」のフォルダに分けてもらいました。午後からは、前者のフォルダの仕事を一つひとつ片付けていくだけでOK。そのときには、15分の集中を繰り返す形をとってもらいました。

さらに、もうひと工夫。Aさんの定時は17時30分ですが、週に3回は17時にアラームを設定してもらいました。そして、アラームが鳴ってからの30分間、フォルダ内に残っている仕事のうち、今日絶対にやらなければならないことだけを片付け、17時30分に帰るようにしてもらったのです。

すると、この30分間はとくに高い集中を保てるようになり、Aさんは週に3日、残業をせずに自分の時間を楽しんでいます。

◎「今日やること」「やらないこと」を明確にしました
◎「15分を繰り返す」で、集中を切らさないで続けることができました
◎終業30分前から、今日中に終わらせる業務だけに集中しました

実践例 2

仕事を抱えてしまい、残業ばかり。「集中タイム」「細分化」で自分の時間を取り戻しました

T・Bさん（40代・男性・営業）

集中して達成したい目標
仕事を引き継ぎ、自分の時間をつくる

Bさんは、自分でなにもかも抱え込んでしまうプレイングマネジャーの典型でした。そのため時間がなく、「時間がないから部下に仕事を教えられない」という悪循環に陥《おちい》っていました。本当は仕事を引き継いでもらいたいのにできないのです。

そこで、仕事を細分化し「どの部分なら引き継いでもらえるか」をリストに書き出してもらいました。

その上で、日にちを決め、その日は引き継ぎのための集中タイムとして2時間を確保してもらいました。

そして、その時間はほかの用件は入れずに最優先で部下に仕事の説明をし、リストを見ながら「引き継ぎできたかどうか」をチェック。すると、思いのほか「できている」ことを実感。これまで「引き継ぎは無理だ」と思っていたのが間違いだったと気づいたようです。

部下に引き継ぎができたときは、自分へのごほうびとして定時に会社を出てジムに通うようになりました。自分の時間も確保でき部下も成長する、一石二鳥の効果を実感しているBさんです。

◎引き継ぎたい業務を、細分化して、リストに。見える化しました
◎引き継ぎのための「集中タイム」を2時間と決めて、時間を確保しました
◎「できない」と思っていることは、思い込んでいるだけのことが多いです

付録の使い方

2週間の行動で習慣化して目標を達成しましょう

この「集中力アップシート」は、みなさんのお手伝いをするためのものです。「シートに記入する」ことが目的ではありませんから、あまり形式にこだわらずに、自由に使っていただいてOKです。

■事前に記入すること

名前と期間を書くのは、自分に宣言するためです。必ず記入しましょう。ほかにも、「チェックしましょう」以外の欄は、事前に記入しておきます。

■実践中に記入すること

「チェックしましょう」の欄は、そのたびにチェック。選んだ行動がすべてできた日はマルで囲み、できなかった日にはバツをつけます。ただし「最初からやる設定ではない日」は横線で消しておきましょう。

■ここに注意！――NGワードとコツ

目標に使う言葉は曖昧《あいまい》なものではいけません。「がんばる」「意識を高める」「結果を出す」などすべてNG。具体的な言葉で数字を使って示しましょう。

集中力アップシートの記入のコツ

本書で紹介している「集中力をつくる技術」1〜50
のなかから行動できそうな項目を選びます。
選んだ行動を週に何日実践するのかを、選びます。
毎日でなくてもOKですよ！
ごほうびとペナルティは楽しいものを選びましょう

期間と名前を書いて、
自分自身に宣言！

目標には必ず数字を
入れましょう

確実に実行できそうな
行動を選びましょう

選んだ行動が、すべて
できた日には○をつけ
ます。
できた日：○
できなかった日：×
やらない日：—

集中力アップシート

名前

期間　月　日〜　月　日

集中して達成したい目標

集中するために実行する行動
（「集中力をつくる技術」1〜50より選ぶ）　※3つ以上最大5つまで

1.
2.
3.
4.
5.

上記で選んだ行動（全部）を1週間に何回やるか？

毎回	1回	2回	3回	4回	5回	6回

やる場所：

やる時間：　時　分 〜　時　分

チェックしましょう　開始日　月　日

1日目	2日目	3日目	4日目	5日目	6日目	7日目
8日目	9日目	10日目	11日目	12日目	13日目	14日目

終了予定日に完了できたときのごほうび（達成率80％以上）

できなかったときのペナルティ（達成率80％未満）

次のページからシート活用の実践例を紹介します

実践例

3

集中力アップシートを使って

「週3回、残業を1時間減らす」を確実に達成。ムリなくできる行動を3つ選びました

Y・Yさん（20代・女性・事務）

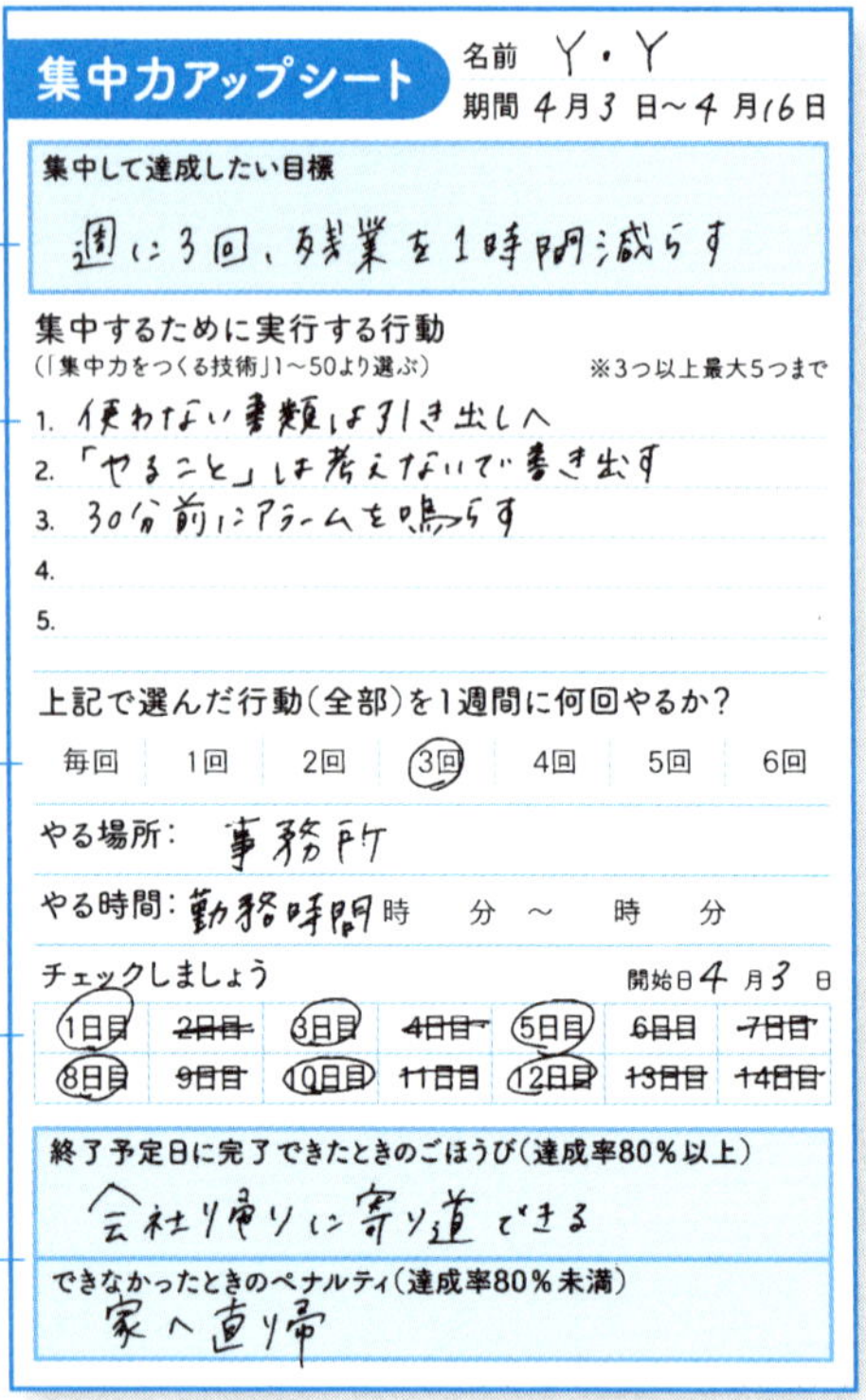
集中力アップシート

名前 Y・Y
期間 4月3日〜4月16日

集中して達成したい目標
週に3回、残業を1時間減らす

集中するために実行する行動
（「集中力をつくる技術」1〜50より選ぶ） ※3つ以上最大5つまで

1. 使わない書類は引き出しへ
2. 「やること」は考えないで書き出す
3. 30分前にアラームを鳴らす
4.
5.

上記で選んだ行動（全部）を1週間に何回やるか？

毎回　1回　2回　(3回)　4回　5回　6回

やる場所：事務所

やる時間：勤務時間 時　分〜　時　分

チェックしましょう　開始日4月3日

(1日目)	~~2日目~~	(3日目)	~~4日目~~	(5日目)	~~6日目~~	~~7日目~~
(8日目)	~~9日目~~	(10日目)	~~11日目~~	(12日目)	~~13日目~~	~~14日目~~

終了予定日に完了できたときのごほうび（達成率80％以上）
会社帰りに寄り道できる

できなかったときのペナルティ（達成率80％未満）
家へ直帰

Yさんが上手だったのは「大変すぎない」に徹底したこと。「残業ゼロ」ではなく「週に3回、1時間減らす」という低いハードルにして、行動も3つだけに絞りました。でも、確実に週に3時間は自分の時間を新たにつくり出すことができ

数字が入っています

欲張らないで、できそうな行動を選びます

週に3回だけ残業を減らすと決めました

残業を減らさない日は「―」と記します

ごほうびとペナルティも、できるだけゆるい設定で

ており、会社帰りに大好きなショッピングを楽しんでいます。

◎やらなくていい日を決めて、メリハリをつけました

◎集中するために実行する行動も、3つに絞り込みました

◎できることを確実に選んで行動するのが、目標達成への近道です

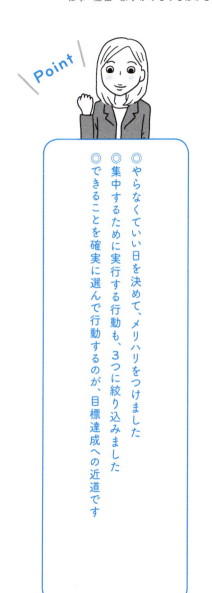

集中力アップシートを使って

実践例 4

「集中する場所」と「集中タイム」を決めて、短時間に集中して勉強することを習慣化。「TOEIC100点アップ」を達成しました

S・Hさん（20代・男性・メーカー勤務　企画職）

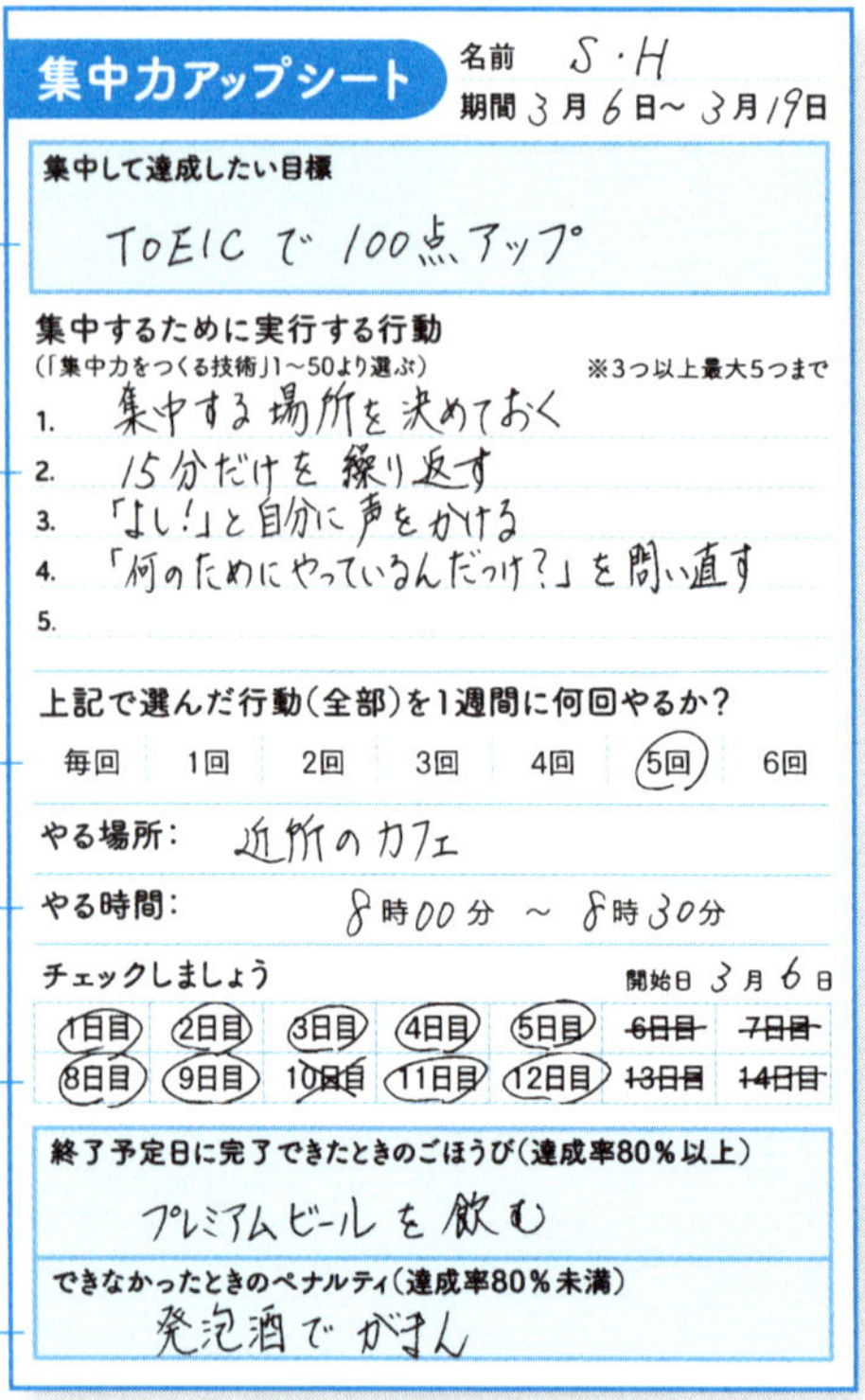
集中力アップシート

名前　S・H

期間　3月6日〜3月19日

集中して達成したい目標

TOEICで100点アップ

集中するために実行する行動
（「集中力をつくる技術」1〜50より選ぶ）　※3つ以上最大5つまで

1. 集中する場所を決めておく
2. 15分だけを繰り返す
3. 「よし！」と自分に声をかける
4. 「何のためにやっているんだっけ？」を問い直す
5.

上記で選んだ行動（全部）を1週間に何回やるか？

毎回　1回　2回　3回　4回　(5回)　6回

やる場所：　近所のカフェ

やる時間：　8時00分　〜　8時30分

チェックしましょう　開始日　3月6日

(1日目)	(2日目)	(3日目)	(4日目)	(5日目)	~~6日目~~	~~7日目~~
(8日目)	(9日目)	~~10日目~~	(11日目)	(12日目)	~~13日目~~	~~14日目~~

終了予定日に完了できたときのごほうび（達成率80％以上）

プレミアムビールを飲む

できなかったときのペナルティ（達成率80％未満）

発泡酒でがまん

Hさんは英語の勉強のために、毎日、出社前の30分を集中タイムと決めました。土日は好きなことに費やしたいので、あえてウイークデーを使ったのです。たった30分しかないということが、かえって集中力を高め、いい学習ができているとい

目標には数字を入れます

短い時間で集中するために、散りそうになった意識を自分に集める行動を選びました

土日はあえて休もうと決めたので、週に5回、平日のみに行動

集中する場所と時間を決めました

10日目は寝過ごしてしまい、できませんでしたが、80％達成できればOK

ペナルティは、「ちょっとがっかり」くらいで！

います。もちろん、できない日もありますが、8割できればOK。週末には美味《おい》しいビールを味わっているようです。

◎毎朝出勤前に集中して勉強するという習慣をつけました

◎「何のためにやっているんだっけ」という自分への問いかけは、「気分がのらない」ときにも、有効です！

集中力アップシートを使って

実践例

5

めんどくさい家事も「5分だけ」「細分化」でムリなくはかどるようになりました

A・Oさん（30代・男性）

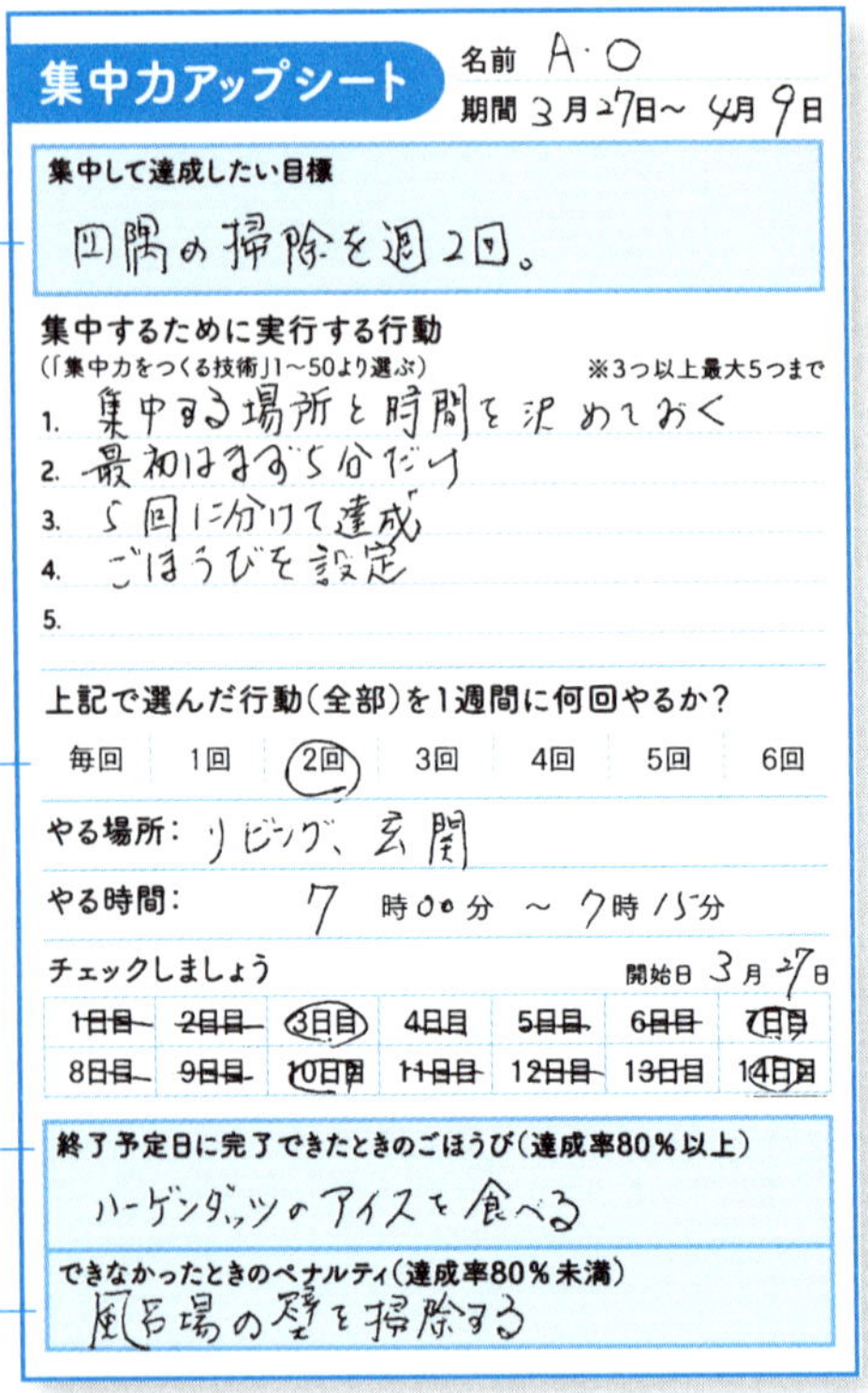
集中力アップシート

名前 A・O

期間 3月27日～4月9日

集中して達成したい目標

四隅の掃除を週2回。

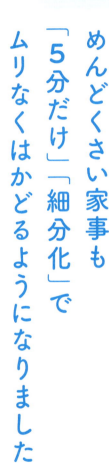

集中するために実行する行動

（「集中力をつくる技術」1～50より選ぶ） ※3つ以上最大5つまで

1. 集中する場所と時間を決めておく
2. 最初はまず5分だけ
3. 5回に分けて達成
4. ごほうびを設定
5.

上記で選んだ行動（全部）を1週間に何回やるか？

毎回	1回	2回	3回	4回	5回	6回

やる場所: リビング、玄関

やる時間: 7時00分 ～ 7時15分

チェックしましょう 開始日 3月27日

1日目	2日目	3日目	4日目	5日目	6日目	7日目
8日目	9日目	10日目	11日目	12日目	13日目	14日目

終了予定日に完了できたときのごほうび（達成率80％以上）

ハーゲンダッツのアイスを食べる

できなかったときのペナルティ（達成率80％未満）

風呂場の壁を掃除する

掃除が苦手なOさんは、とくに「細かい隅」を見逃しがち。いつの間にかホコリがたまって、よけいに「あー、嫌だなあ」という気分になっていました。このようなケースでは「細分化」と「低いハードル」が絶対に必要。まとめてきれい

具体的に目標を設定

欲張らないで、確実に行動できる回数を設定

大好物のアイスクリームをごほうびにしました

ペナルティは一石二鳥になる行動を選びました

にしようとしないで、短い時間に部分的に集中すればOKです。もちろん、ごほうびも忘れないでくださいね。

◎ハードルを低く設定しましょう

◎一度に掃除しようとするとうんざりしますが、細分化して、短い時間で、ちょこちょこ集中すればラクラク片づきますよ

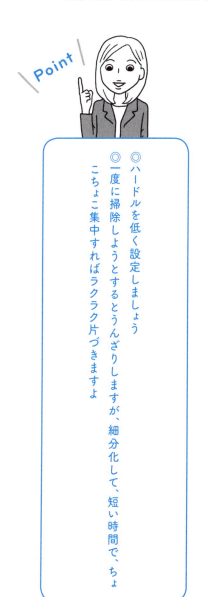

集中力アップシートを使って

実践例 6

子どもの勉強習慣は、環境づくりがポイント。生活の中に組み込みましょう

T・Kさん（30代・女性）

集中力アップシート

名前　T・K

期間　5月8日～5月21日

集中して達成したい目標

子どもが平日45分勉強する習慣をつける

集中するために実行する行動
（「集中力をつくる技術」1～50より選ぶ）　※3つ以上最大5つまで

1. やる場所と時間を決める
2. 15分を繰り返す
3. ごほうびを設定
4.
5.

上記で選んだ行動（全部）を1週間に何回やるか？

毎回　1回　2回　3回　4回　(5回)　6回

やる場所：リビング

やる時間：18時00分～19時00分

チェックしましょう　開始日　月　日

(1日目)	(2日目)	(3日目)	(4日目)	5日目 ✕	~~6日目~~	~~7日目~~
(8日目)	9日目 ✕	(10日目)	(11日目)	(12日目)	~~13日目~~	~~14日目~~

終了予定日に完了できたときのごほうび（達成率80％以上）

好きなケーキを1つ食べていい

できなかったときのペナルティ（達成率80％未満）

好きなジュースをがまんする

子どもは正直。やりたいことはやるし、嫌なことからは逃げようとします。そこでKさんには、子どもが「勉強したい」と思える環境づくりに徹してもらいました。自分の勉強机よりもリビングがいいようならリビングで。そして「やったらご

「15分集中」を基本にしましたが、「25分集中して5分休む」というサイクルを取り入れてもいいでしょう

場所と時間を決めます

子どもへのペナルティやごほうびは、わかりやすいものがいいでしょう。好きな食べ物／飲み物などはおすすめです。子どもは素直なので、効果が出やすいです

ほうびがもらえる」ということも明確に。さらに、適切な休憩タイムも設けるようにしています。

◎意識的に時間を区切りましょう
◎休憩タイムも必ず設けましょう
◎「よーいドン」などの声掛けをしてゲーム感覚で取り組むのもいいでしょう
◎ペナルティや目標設定は厳しくしないこと。厳しすぎると嫌になってしまうので注意してください

おわりに

あらためまして、行動習慣コンサルタント®兼行動定着コーチ®の冨山真由です。
最後までお読みいただき、ありがとうございました。
今回の書籍は、「集中力」に焦点を当てて50の行動のコツをまとめていきました。

私は普段、企業へ出向し、「業務改善」や「人材育成」のコンサルティング業を行なっています。役職者の方から一般職・若手までと幅広い方々に参加いただいています。

コンサルティングの初回では「行動科学セルフマネジメント®」（行動分析学と行動心理学をベースにしたセルフマネジメント法）の講義をすることが多いのですが、その講義中によく耳にするのが、今回の書籍のテーマである「集中力」を身につけたいけれどできない……という声です。

なぜ集中できないのでしょう。お聞きすれば、〝なんか気分がのらない……〟〝意識をあげたいのに上手《うま》くいかない……〟といった「感情」を理由にあげている方がほとんどです。時には気分や意識も大切にしたいですが、日常生活の中で「集中力」を気ままな感情に支配されていては、仕事や家事での役割にも支障をきたします。

「集中」していることと、気合いや一時的ながんばりで「集中しているような気がする」こととは似ているようでいて違うものです。

「行動科学セルフマネジメント®」は、行動分析学と行動心理学がベースになっている〝実験再現性〟のある科学的な手法です。要するに、いつでも誰でも行動のコツを繰り返し実践していくうちにできるようになるという手法です。

「集中力」に、やる気や才能は必要ないんです。気分や意識も関係ありません。

人は誰でも小さな行動のコツで、「集中力」を身につけることができるのです。

今では、年間に120回ほどの企業研修で「行動科学セルフマネジメント®」の大切さを伝えていますが、以前は、私も「感情」で動いてしまうことがあり悩んでいました。わかっているのに「行動」に置き換えられないのです。私を含め、人は頭では理解できても、日常の中で「行動」に置き換えていくのは簡単ではないのです。

その悩みから抜け出せたのは、後輩のひと言でした。

どうしたら「行動」の手法を身につけてもらえるかと、試行錯誤を繰り返しながら研修を進めていたときのことです。研修中、行動の理論や成功の事例を伝えても、参加者の2～3割は成長してくれますが、7～8割には変容が見られません。

この差に、2、3年は悩んだでしょうか。〝どうしたら自発的に動いてもらえるのだろう？〃と、あれこれ論文を読みながら知見をためていました。そんなある日、一人の後輩から〝富山さんから正しい教授はもらえるけど、いかに現場で役に立つかの行動のみ知りたいんです！〃と言われました。このひと言は、まさに目からうろこの衝撃でした。

この日を境に、マネジメント手法を〝より現場で役に立つ行動〃に変えて、自身の研修スタイルにも取り込んでいきました。

すると、数年前は、年間24社だったクライアント企業での研修が、ここ2、3年で4〜5倍に増えていきました。これは、企業の皆さんがいかにマネジメントで悩んでいるかという現状を表わしているとともに、私のやり方が、現場で役立つマネジメント手法だと評価してくださっているからだと思います。

さて、企業でのコンサルティングの初回講義で「集中力を身につけたいけれどできない……」という声をよく聞きます、と先ほどお伝えしましたが、実際の講義をとおして、「行動」をすることで「集中力」も身につけることができるんだと、多くの方に実感していただいています。こういった研修で効果のあった行動のコツをまとめたのが、本書です。

これまで「行動科学セルフマネジメント®」の本は数多く出版されていますが、

「集中力」というテーマで「行動」のコツまでを公開した書籍はなかったと思います。

本書をきっかけに、皆さんの仕事やプライベートのお役に立ててもらえたら嬉しいです。

ぜひ、一つでもいいので、気になる行動からはじめてください。そして付録に用意した「集中力アップシート」で「集中力をつくる行動」を定着させて、小さな目標を一つずつ達成してください。大きくて立派すぎて達成できない目標は理念。結果を出すには、行動指針となる目標を設けて、細分化して行動しましょう。

皆さんが「集中力」を身につけて、生産性の向上や残業時間の削減ができ、より豊かな人生を手に入れてもらえたら著者としてこの上なく幸せです。

2017年2月

冨山真由《とみやままゆ》

監修者あとがき

私たちに与えられた時間は限られています。その中で少しでも効率よく物事を成し遂げたいと思うのは、ビジネスパーソンに限ったことではないでしょう。

現代人はみんな、「集中したい」のです。そして「集中したいのにできない」と自分を責めています。

しかし、本書の中で冨山が何度も述べているように、私たちの集中力には限界があります。「もっと集中、もっと集中」というのは無理なのです。


本書の最後に重要なことを確認しておきます。

「集中」とは、何かをするための「手段」であり、それ自体が「目的」ではありません。

だから、「もっと集中したい」などと、集中を目的化するのは間違っているのです。

逆に言えば、集中は手段なのですから、いかようにも使いこなしていいということになります。

本書では、行動科学マネジメント理論を基礎に置いた、あなたの限られた集中を使いこなすための方法をいろいろ紹介してきました。どれか一つでもピンとくるものがあれば、それから試してみてください。「なるほど、こういうことか」と効果を実感してもらえるでしょう。

高い目標を掲げ、それに挑戦するのは素晴らしいことです。しかし、その目標を達成するためには、小さな行動に落とし込んでいくという作業が不可欠だということを忘れないでください。

行動科学マネジメント理論に軸足を置けば、いつでもやるべきことは明確です。あなたがやるべきは、「もう時間がない」とか「自分は根性なしだ」などと苦しむことではありません。

本書の方法に従って、落ち着いて粛々ととるべき行動をとってくれればいいのです。

行動科学マネジメント研究所所長　石田《いしだ》淳《じゅん》

著者　冨山 真由（とみやま・まゆ）

一般社団法人行動科学マネジメント研究所コンサルタント。株式会社ウィルPMインターナショナル行動科学マネジメント公認チーフインストラクター。行動習慣コンサルタント®。行動定着コーチ®。日本行動分析学会会員。大学卒業後、医療機関を経て戦略コンサルティングファームに就職。外資系企業に出向し人材育成マネジメントの大切さに気が付く。行動科学マネジメント研究所での学びを経て、現在は日本では数少ない女性の行動科学マネジメント公認インストラクターとして、企業の一般職から管理職まで幅広い層を対象に、セルフマネジメント研修を年に120回程行なっている。著書に『めんどくさがる自分を動かす技術』などがある。

株式会社ウィル PM インターナショナル　http://www.will-pm.jp/

監修者　石田 淳（いしだ・じゅん）

一般社団法人行動科学マネジメント研究所所長。アメリカの行動分析学会 ABAI(Association for Behavior Analysis International) 会員。日本行動分析学会会員。日本ペンクラブ会員。株式会社ウィルPMインターナショナル代表取締役社長兼最高経営責任者。米国のビジネス界で大きな成果を上げる行動分析を基にしたマネジメント手法を独自の手法で日本人に適したものにアレンジして、「行動科学マネジメント」として確立。その実績が認められ、日本で初めて組織行動の安全保持を目的として設立された社団法人組織行動セーフティマネジメント協会代表理事に就任。グローバル時代に必須のリスクマネジメントやコンプライアンスにも有効な手法と注目され、講演・セミナーなどを精力的に行なう。著書は『教える技術』『短期間で組織が変わる行動科学マネジメント』など多数。

今《いま》すぐ！　集中力《しゆうちゆうりよく》をつくる技術《ぎじゆつ》

平成29年３月10日　初版第１刷発行

著　　者　冨《とみ》山《やま》真《ま》由《ゆ》
監 修 者　石《いし》田《だ》　淳《じゆん》
発 行 者　辻　浩明
発 行 所　祥《しよう》伝《でん》社《しや》
〒101-8701
東京都千代田区神田神保町3-3
☎03(3265)2081(販売部)
☎03(3265)1084(編集部)
☎03(3265)3622(業務部)

印　　刷　堀内印刷
製　　本　積信堂

ISBN978-4-396-61592-5 C0036　Printed in Japan
祥伝社のホームページ・http://www.shodensha.co.jp/